Querido mundo,
como vai você?

TOBY LITTLE

Querido mundo, como vai você?

A história de um pequeno menino com uma grande missão

Tradução
HILDEGARD FEIST

9ª reimpressão

Copyright © 2017 by Toby Little
Publicado originalmente em inglês pela Penguin Books Ltd.
O autor assegura seus direitos morais.
Todos os direitos reservados.

O selo Fontanar foi licenciado pela Editora Schwarcz S.A.

Grafia atualizada segundo o Acordo Ortográfico da Língua Portuguesa de 1990, que entrou em vigor no Brasil em 2009.

TÍTULO ORIGINAL Dear World, How Are You? — The True Story of a Little Boy on a Big Quest

CAPA estúdio insólito

IMAGEM DE 4ª CAPA Dreamstime

PREPARAÇÃO Silvia Massimini Felix

REVISÃO Renata Lopes Del Nero e Luciane Gomide Varela

Dados Internacionais de Catalogação na Publicação (CIP)
(Câmara Brasileira do Livro, SP, Brasil)

Little, Toby
    Querido mundo, como vai você? : a história de um pequeno menino com uma grande missão / Toby Little ; tradução Hildegard Feist. — 1ª ed. — São Paulo : Fontanar, 2017.

    Título original: Dear World, How Are You? : The True Story of a Little Boy on a Big Quest.
    ISBN 978-85-8439-058-8

    1. Cartas – Miscelânea 2. Garotos – Correspondência 3. Little, Toby – Correspondência. I. Título.

17-00820   CDD-808.6

Índice para catálogo sistemático:
1. Cartas : Miscelânea : Literatura   808.6

Todos os direitos desta edição reservados à
EDITORA SCHWARCZ S.A.
Rua Bandeira Paulista, 702, cj. 32
04532-002 — São Paulo — SP
Telefone: (11) 3707-3500
facebook.com/Fontanar.br
instagram.com/editorafontanar

For everybody who helped me with my project and for every child with a big dream.

Toby

* Para todo mundo que me ajudou no meu projeto e para toda criança que sonha grande.

Apresentação

O começo de Toby

Querido Mundo,
    Este livro conta como comecei a minha grande aventura de escrever para todos os países do mundo. A minha mãe vai explicar para você como tudo começou.
    Este não é um livro de histórias propriamente dito, porque livros de histórias propriamente ditos têm criaturas mágicas e coisas inventadas, e esta história é todinha verdadeira. Mas acho que também é um pouco mágica, porque, quando acontecem umas coisas que a gente nunca imaginou, existe um pouquinho de mágica, só que de outro tipo.
    Eu não vou falar muito que é para não estragar o que está no livro; portanto, leia, se você quiser. Tomara que você goste!
    Tchau,
    Toby (sete anos)

O começo de Sabine

Tudo começou em 16 de junho de 2013. Nesse dia, Toby chegou da escola com um livro chamado *A Letter to New Zealand* e a tarefa de lê-lo comigo, em casa. Toby tinha cinco anos e meio e estava quase no fim do Reception, o primeiro ano escolar no Reino Unido. O livro não era de ficção e descrevia a trajetória de uma carta — até a agência do correio, a bordo de uma van, até um centro de triagem, depois num avião... e até as mãos de um menino na Nova Zelândia. O livro continha um mapa, e Toby descobriu que a Nova Zelândia fica muito longe. Ele mal aprendera a escrever e me perguntou se poderia escrever uma carta para a Nova Zelândia. Eu não conhecia ninguém lá, mas achei que talvez pudesse pesquisar e encontrar alguém. Assim foi a nossa conversa:

Toby: Mamãe, será que eu posso escrever uma carta para a Nova Zelândia?
Eu: Hã... acho que pode. Eu vou ter de encontrar alguém por lá, mas posso procurar. Você quer que eu procure?
Toby: Quero! Obrigado, mamãe, obrigado!
Eu: Tudo bem. Então vamos procurar.
[Pausa]
Toby: Mamãe?
Eu: Sim?
Toby: Será que eu posso escrever uma carta para cada país do mundo?
Eu: ...!!

Foi nesse momento que mil coisas me passaram pela cabeça. Lembro que pensei no tamanho do mundo, na quantidade de países, na possibilidade de encontrar um indivíduo em cada país... E cheguei à conclusão de que a resposta não podia ser "sim" ou "não". Portanto, resolvi que devíamos falar sobre o que é "país" e as maneiras de defini-lo. Juntos, pesquisamos na internet e achamos que um jeito óbvio de falar em "países" seria através dos membros da onu — 193 países. Pareciam cartas demais para um menino, principalmente para um menino que nunca tinha escrito uma carta na vida. Então lhe propus que começasse devagar, talvez com umas cinco cartas, só para ter uma ideia de como seria. Ele adorou a ideia, e, assim, voltei para a internet em busca de ajuda; através das redes sociais, perguntei se algum dos meus amigos conhecia alguém em outro país que se dispusesse a receber uma carta de Toby e responder-lhe.

Várias pessoas se manifestaram, e acabamos obtendo cinco endereços — três nos Estados Unidos, um na França e um na Austrália. Toby demorou uma semana para escrever essas cartas, e a primeira de todas foi para Patricia, no Havaí. Era bem curtinha, mas ele demorou cerca de meia hora para redigi-la; e Patricia, muito gentil, prontamente respondeu.

Carta para Patricia

Oi, Patricia,
Como vai? É verdade que você mora numa cidade chamada Volcano? Bem que eu gostaria de morar aí.
Tchau,
Toby

Resposta de Patricia

Querido Toby,
Eu moro na ilha grande do Havaí, no estado do Havaí. Temos aqui um vulcão ativo e uma montanha que fica nevada no inverno. Obrigada por sua linda carta.
Aloha,
Patricia

É uma carta bem curta, mas perfeita para começar, porque "Volcano", a cidade natal de Patricia, parecia um lugar incrível para se morar e inflamou a imaginação de Toby. Ele resolveu confirmar o nome com Patricia, e também pesquisamos na internet. Toby percebeu que, antes de escrever uma carta, era bom "pesquisar" para saber exatamente o que gostaria de perguntar. Com o tempo, encontramos a melhor forma de fazer pesquisas com um menino que mal começara a aprender a ler e escrever: eu digitava, buscando primeiro a cidade. Procurávamos basicamente imagens, e Toby escolhia o que lhe chamava a atenção — animais, edifícios, monumentos. Clicávamos na imagem, e eu o ajudava a descobrir se era de fato interessante, o que às vezes era muito difícil quando o texto que acompanhava a imagem estava escrito em outra língua.

Tão logo descobríamos do que se tratava, Toby decidia o que perguntar. "Você esteve em...?" ou "O que a gente pode ver em...?" eram perguntas típicas, mas ele também estava interessado na escola de outros países, na profissão das pessoas, nas comidas e nas festas locais. As cinco cartas seguintes foram para a Itália, o Japão... e não lembramos mais para onde, porque nunca pensamos que alguém tivesse interesse em saber! Embora tivesse dito que queria escrever para todos os países do mundo, ele, a princípio, só escrevia para quem queria ser seu contato. Cinco cartas... dez cartas... quinze cartas. Todas foram para diferentes países, mas, depois de umas quinze, achamos melhor pensar mais um pouco sobre os países para os quais Toby realmente queria escrever. Um deles era o Egito, e lá fui eu tentar encontrar alguém, através de amigos de amigos. Durante todo esse tempo, fotografávamos as cartas, e, já no começo, criamos o site <www.writingtotheworld.com>, para ter um lugar em que pudéssemos armazenar as cartas e onde os correspondentes de Toby pudessem encontrá-las, caso elas se perdessem pelo caminho. Mas o criamos também porque logo nos demos conta de que, quando recebesse as respostas, Toby já teria esquecido o que havia perguntado; juntar as perguntas e as respostas, portanto, faria com que se lembrasse.

Toby não demorou a constatar que nem todas as crianças do mundo levavam uma vida como a dele. Primeiro era só uma questão de línguas diferentes, comidas diferentes, casas diferentes; até que, um dia, conseguimos um contato na Somália. Foi a primeira vez que pedi para o meu filho esperar um pouco, enquanto eu via as imagens na internet, e a primeira vez que fiquei pensando em como lidaria com as possíveis perguntas de Toby. Como, na carta que escreveu, ele perguntou o que poderia fazer para ajudar as crianças da Somália, tratamos de procurar uma instituição de caridade cujo trabalho fosse fácil de explicar para um menino de cinco anos. Além de ter um site voltado para crianças, a ShelterBox* tam-

---

* Instituição de caridade que, graças a doações de cidadãos britânicos e afiliados internacionais, fornece a desabrigados do mundo inteiro (vítimas de desastres naturais ou crises humanitárias) "ShelterBoxes", ou "caixas de abrigo", contendo material necessário para sua sobrevivência (tenda, provisões, agasalhos, utensílios de cozinha, kit para purificar água etc.) Também fornece "shelter kits", contendo lona e ferramentas para essas pessoas posteriormente reconstruírem suas casas. Foi criada na Cornualha, Inglaterra, em 2000. (N. T.)

bém produzia livros infantis, explicando os desastres que podem acontecer em todo o mundo. Graças a esses livros, aprendemos muita coisa sobre tsunamis, inundações e terremotos, e Toby se propôs arrecadar dinheiro suficiente para uma "ShelterBox", pouco menos de seiscentas libras.

Umas vinte cartas depois, começaram as férias de verão; tínhamos, portanto, seis semanas para explorar o mundo sem sair de casa, pois não pretendíamos viajar. Só brincávamos no jardim, saíamos para caminhar, e Toby escrevia cartas. Eu tive de ir para a Alemanha, onde fiquei por duas semanas, e recebi uma carta do meu filho. Enquanto estava fora, conheci vários cidadãos de outros países e então voltei para casa com novos contatos.

Muitas pessoas já perguntaram de onde saíram todos os contatos. Algumas achavam que Toby escrevia ao acaso, mas não é verdade. Cada carta era endereçada a uma criatura bondosa que havia concordado em estabelecer contato (há três... talvez quatro exceções, às quais chegaremos mais adiante), encontrada porque o mundo está cheio de gente boa que se dispôs a ajudar Toby a realizar o seu sonho.

Depois que Toby havia escrito umas quarenta cartas, ficou claro que era um menino obstinado — o que eu não tinha percebido até então — e que simplesmente não iria desistir; diante disso, o mínimo que eu podia fazer era garantir-lhe correspondentes, em todos os países, pelo tempo que ele quisesse. A essa altura, amigos pediam a colaboração de amigos e, de quando em quando, aparecia alguém com uma porção de contatos. Uma pessoa com quem eu havia trabalhado quinze anos antes tinha um amigo que forneceu vários endereços e cujo cunhado contribuiu com outros tantos. Nunca vimos essa gente, mas, lá e cá, eu recebia uma mensagem como "Encontrei alguém nas Seychelles" ou "Aqui é do Tadjiquistão". Além de enviar mensagens através do site Writing to the World, também mandei e-mails para museus, escolas, embaixadas, agências de preservação ambiental e instituições de caridade de outros países. Às vezes, tínhamos uma sorte incrível, como quando escrevemos para a organização African Parks, na África do Sul, e uma simpática senhora chamada Dominique transmitiu a nossa mensagem a todos os parques do grupo. Quando as aulas recomeçaram, em setembro, Toby estava prestes a concluir a sua missão; com efeito, em meados de setembro de 2013, faltavam-lhe apenas sete países, e ele havia escrito mais de 250 cartas — algo que nenhum de nós teria imaginado a princípio. Durante todo esse tempo, o projeto "seguiu em frente" tranquilamente, movido a contatos pessoais, amigos de amigos (de amigos de amigos de amigos). Muitos correspondentes queriam se manter atualizados sobre o projeto, e, como só tínhamos o site, criamos uma página no Facebook, que começou com uns cem participantes — amigos, parentes e contatos anteriores. Nela, partilhávamos sucessos como a chegada de mais cartas, o surgimento de novos contatos, a preparação de pratos, cozidos ou assados a partir das receitas que nos enviavam... Àquela altura, Toby estava tão perto do seu objetivo que não tínhamos dúvida: alcançá-lo era pura questão de tempo.

De repente, ocorreu uma mudança. Da noite para o dia, no final de setembro de 2013, recebemos centenas de mensagens. As "curtidas" no Facebook passaram de cem para mil, 2 mil, 3 mil num único dia. Os jornais nos procuraram. Não entendíamos o que tinha mudado. Por fim, deparamos com uma breve e inocente mensagem: "Postei seu projeto no reddit [site de mídia social], espero que não se importem!".

Centenas e centenas de pessoas queriam mandar coisas para Toby ou se corresponder com ele. Através das mensagens que recebíamos, conseguíamos localizar os jornais que publicavam artigos sobre nós, muitos deles em inglês, espanhol, português, sérvio, italiano, coreano, russo, vietnamita, chinês, urdu... Tomamos um táxi até a emissora de TV e demos uma entrevista para o noticiário local; Toby também foi entrevistado pelo BBC World Service e pela BBC Radio Sheffield. Lembro que, ao buscá-lo na escola, falei: "Um repórter de Nova York gostaria de conversar com você... o que você acha?". A vida virou uma loucura durante algum tempo. A editora que havia publicado *A Letter to New Zealand* (Collins Big Cat) escreveu para nos informar que custearia a primeira ShelterBox de Toby, que, agora, já havia arrecadado mais de mil libras.

Recebemos ofertas de gente que queria adotar Toby (nem pensar!). Mas, acima de tudo, recebemos muitas mensagens calorosas de pessoas do mundo inteiro que se comunicaram conosco só para nos dizer que o projeto de Toby despertara nelas alguma coisa — fé e esperança de um mundo melhor. Um encantamento infantil. A determinação de perseguir um sonho. Algumas mensagens eram profundamente pessoais, e muitas continham pedidos de desculpas pelo inglês macarrônico. Mas não era o inglês macarrônico que nos importava, e sim o fato de tanta gente se dar o trabalho de nos procurar só para dizer que gostava do projeto de Toby. Uns e outros escreviam na sua própria língua — se não entendíamos, procurávamos alguém que traduzisse essas mensagens—, e Toby resolveu aprender uma porção de línguas para poder falar com o maior número possível de pessoas de todo o mundo.

Não conseguíamos responder a todas as mensagens — era impossível—, mas líamos uma por uma. Assim, a página do Facebook se tornou para nós um meio de comunicação com o mundo. Àquela altura, mais de 5 mil indivíduos de todo o planeta já haviam acessado a página. Cada um deles queria muito partilhar seu mundo com Toby e com os demais e aprender com as cartas que o menino recebia. Perguntávamos que animais havia em seus países e ficamos sabendo da existência de *boomslangs* [serpentes venenosas] na África do Sul e de escorpiões na América Central. Quando Toby resolveu organizar uma feira de artesanato a fim de arrecadar dinheiro para uma ShelterBox, pedimos sugestões ao "mundo" e, seguindo uma ideia da Tailândia, fizemos peixes de papel com tiras de várias cores entretecidas. Também pedimos receitas culinárias e passamos semanas cozinhando e assando.

E, enquanto isso, as cartas continuavam.

No começo de outubro de 2013, conseguimos o último contato, em San Marino. Toby escreveu para lá, e pronto: havia enviado cartas a todos os países do mundo. Missão cumprida.

Ou não?

Ele disse, no começo, que este não é um livro de histórias propriamente dito, porque não tem nada de inventado. Mas não é um livro de histórias propriamente dito também por outro motivo. Na escola, Toby está aprendendo que as histórias inventadas devem ter começo, meio e fim. Esse seria o momento de um final feliz. Só que não foi um final feliz. Foi meio feliz. Porque Toby não quis mais parar de escrever.

Quando ele estava para completar seis anos, em novembro de 2013, eu pedi ao mundo que me ajudasse a fazer-lhe uma surpresa, e gente de todo o planeta tirou selfies com a frase "Feliz Aniversário, Toby" — uma das mais inesquecíveis é a de James e seus colegas, que pintaram uma faixa enorme e posaram com ela no Polo Sul.

Agora, Toby não precisa tanto de mim para ajudá-lo a pesquisar. Além disso, é possível acompanhar o progresso de sua caligrafia ao longo de centenas de cartas — o início da escrita cursiva, a fase do arredondamento das letras. Se nos arrependemos de alguma coisa, é de não datar as cartas. Algumas remontam a acontecimentos específicos — a carta para a Síria (outro país cujas imagens tratei de olhar antes de

Toby escrever) foi enviada dias depois dos ataques com gases em 2013.* As cartas fazem muitas referências a desastres naturais. O projeto teve também um efeito colateral desagradável. Sempre que ocorre alguma coisa no mundo, é num lugar onde mora alguém que conhecemos. Quando o tufão Haiyan atingiu as Filipinas, em novembro de 2013, Anika e seus alunos nos enviaram mensagens para dizer que estavam bem. Toby continua angariando fundos e, toda vez que recebe uma informação de que uma ShelterBox foi enviada para uma área de desastre, fica feliz por ter podido ajudar um pouco. Todos os desastres são pessoais; cada um tem um nome, uma história, uma carta relacionada com ele.

Estamos escrevendo isto em novembro de 2015. Até agora, Toby escreveu 562 cartas, mas, quando você tiver este livro em mãos, provavelmente esse número será maior. Se perguntar ao meu filho se pretende continuar, ele vai responder que sim, "até virar adulto". Pode ser que amanhã, quando acordar, ele diga que acabou para sempre, e isso também seria ótimo. Mas ele não acha que vai parar. Quando começou o projeto, falou que queria "aprender mais sobre o mundo, ajudar as pessoas a se entenderem melhor e fazer do mundo um lugar melhor". Desde então, tem dito que quer "mostrar para as pessoas como o mundo é fantástico". Não podíamos imaginar a bondade de todos que se envolveram no projeto, dos contatos, dos que ajudaram a encontrar esses contatos e dos que participaram da página no Facebook. Vocês são o que torna o projeto possível, o que torna a história mágica. Obrigada. Nós dois estamos muito, muito agradecidos.

Escrevi esta apresentação depois de conversar muito com Toby para saber o que ele queria partilhar com você; depois,

---

* Em 21 de agosto de 2013, a periferia de Damasco sofreu um ataque químico, com "gases neurotóxicos", que resultou em centenas de mortos. (N. T.)

ele leu o que escrevi e sugeriu algumas modificações. Também falamos sobre as introduções às cartas contidas neste livro. Ao partilhá-las, procuramos estabelecer um equilíbrio entre os continentes, as idades dos contatos e os temas — podíamos ter escolhido outras cartas, e Toby adora todas, não só as que publicamos aqui. Temos caixas de cartas em casa, e, como ele continua escrevendo, quase toda semana nos traz novas cartas, novas perguntas, novos contatos, novas descobertas. Obrigada a você por nos acompanhar nesta viagem.

Sabine, mãe de Toby

EUROPA

Alemanha

O primeiro contato de Toby na Alemanha fui eu, Sabine, mas me pareceu meio desonesto me incluir! As cartas mais recentes que ele mandou para a Alemanha foram escritas em alemão, graças ao seu progresso no aprendizado desse idioma. Antes de escrever para Astrid, ele nunca tinha ouvido falar numa profissão chamada "glaciologista".

Carta para Astrid

Querida Astrid,
Como vai? Qual é a sua geleira favorita? Por que as geleiras se movem? Qual é a melhor coisa para quem mora em Immenstadt? Você pode nadar no Alpsee?
Tchau,
Toby

Resposta de Astrid

Querido Toby,
Desculpe a demora em responder a sua carta, mas o fato é que andei muito ocupada em outubro e também tive um pouco de preguiça e aproveitei o belo outono para caminhar pelas montanhas com a minha irmã. Essa é a parte boa de morar aqui. A gente pode passear pelas montanhas, fazer escaladas, andar de bicicleta e nadar.

Como, dias atrás, já nevou nas montanhas, agora está frio demais para nadar. Mas, no verão, podemos nadar no lago. A temperatura da água passa de 20°C. O lago tem mais de três quilômetros de comprimento, de maneira que a gente também pode surfar ou velejar, se o vento estiver bom (principalmente na primavera e no outono).

Eu moro fora da cidade, num vilarejo vizinho. Tenho um pequeno jardim e gosto de cultivar flores e hortaliças. Agora tenho de preparar o jardim para o inverno que se aproxima. Eu amarro algumas plantas para que a neve não as esmague.

No inverno, podemos praticar todo tipo de esporte de inverno, e eu gosto muito de neve. Por isso é que trabalho com glaciologia. Neve e gelo são coisas especiais e fascinantes. Kenneth George Libbrecht escreveu uns livros lindos sobre flocos de neve com um monte de fotos, porque cada cristal de neve é diferente dos outros. Acho que você pode encontrar esses livros numa biblioteca e dar uma olhada.

Eu não tenho uma geleira favorita. Cada geleira — ou glaciar — tem algo de especial e é única. Há uma semana, fomos à Schwarzmilzferner. É uma geleira bem pequena (150 mil metros quadrados), não muito longe do meu vilarejo (trinta quilômetros de distância). Vamos lá duas vezes por ano.

Na primavera, avaliamos a quantidade de neve que caiu no inverno, cavando um buraco na neve, e, no outono, medimos a quantidade de neve e gelo que derreteu no verão. Assim conseguimos chegar a uma estimativa sobre o equilíbrio da massa do glaciar ao longo do ano. Nos últimos dez anos, a geleira derreteu uns quinze metros e também encolheu.

De certo modo, o gelo se comporta como o mel: ele se move bem devagar, se estiver num declive. Se você puser um pouco de mel num prato inclinado, ele vai começar a deslizar. A mesma coisa acontece com o gelo do glaciar, se está numa encosta. Quanto maior o aquecimento do gelo ou quanto mais íngreme a encosta, mais depressa a geleira vai escorregar. Em geral, as geleiras escorregam desde dezenas até centenas de metros por ano. No entanto, os glaciares mais rápidos do mundo (Jakobshavn, Helheim, Columbia...) escorregam de quinze a vinte quilômetros por ano, ou de quarenta a 55 metros por dia. Quase dá para vê-los se mexer.

Há muitas outras coisas interessantes sobre as geleiras, e espero que você descubra mais, futuramente. Na minha opinião, a natureza pode nos mostrar muitas coisas e dar ideias maravilhosas, e é bom ser curioso e investigativo. Boa sorte para o seu futuro!

Astrid

Áustria

Temos de agradecer a Stefan e Katjia por tudo o que cozinhamos e assamos como parte do projeto. Eles nos mandaram uma receita de Sachertorte, e o resto, como se diz, todos já sabem! Agora, Toby frequentemente pede uma receita nas cartas, e perdemos a conta das coisas do mundo inteiro que experimentamos!

Carta para Stefan e Katjia

Oi, Stefan, oi, Katjia,
Como vão vocês? Nós vimos umas fotos de Graz. O que é que tem lá na Kunsthaus? Ela é engraçada!
Tchau,
Toby

Resposta de Stefan e Katjia

Querido Tobi [sic],
Desculpe a demora em responder, mas é que passamos três semanas na Inglaterra e voltamos em 29 de julho. Vamos bem, obrigado. E você? No momento, a temperatura é de 39°C aqui na Áustria.
Estamos lhe mandando a receita de uma sobremesa tradicional, chamada *Sachertorte*.

Receita da Sachertorte

Torta:
130 g de chocolate meio amargo
130 g de manteiga amolecida
40 g de açúcar de confeiteiro
5 g de açúcar de baunilha
1 pitada de sal
6 gemas
6 claras
180 g de açúcar cristal
130 g de farinha de trigo

Cobertura:
400 g de geleia de damasco
Glacê de chocolate (produto industrializado)

Zubereitung [método]:
Para a Sachertorte, preaqueça o forno a 190°C. Derreta o chocolate meio amargo em banho-maria, mexendo sempre. Deixe esfriar. Misture a manteiga, o açúcar de confeiteiro, o açúcar de baunilha e o sal. Bata até formar bolhas e acrescente as gemas, uma por uma. Bata as claras com açúcar até ficarem firmes; peneire a farinha. Com todo o cuidado, acrescente, alternadamente, a clara e a farinha à mistura de chocolate. Unte a assadeira com a manteiga e polvilhe-a com a farinha. Despeje a massa na assadeira e leve ao forno por aproximadamente sessenta minutos. Polvilhe o açúcar cristal num papel-manteiga, coloque a torta sobre ele e deixe esfriar.
Corte a torta horizontalmente em duas camadas, cubra-as com metade da geleia e torne a juntá-las. Aqueça a geleia restante e espalhe-a sobre toda a torta. Aqueça o glacê de chocolate conforme as instruções e aplique-o sobre a torta.

Dica:
É melhor fazer a torta na véspera e deixá-la na geladeira até o dia seguinte. A *Sachertorte* é tradicionalmente servida com chantili.

Chipre

Stanna é uma moça muito simpática que entrou em contato com Toby depois que o projeto se tornou viral. Toby escreveu para ela e seu namorado, Koullis, pouco antes de se casarem. A resposta chegou com fotos do casamento e uma caixinha com um pedaço do bolo!

Carta para Stanna e Koullis

Querida Stanna, querido Koullis,
Como vão vocês? O que é que uma engenheira arqueológica faz? Você vai até Salamina? Ainda se cava por lá? Como é morar no Chipre? Desejo a vocês um lindo casamento. Sinto muito pelo seu acidente de carro. Como é que vocês se deslocam por aí agora?
Tchau,
Toby

Resposta de Stanna

Queridos Toby & família,
Muito obrigada pela sua carta. Você escreve muito bem. Deve estar melhorando muito, com toda a sua prática de escrever cartas! Seu projeto é muito interessante.
Vou lhe contar um pouco da minha história. Eu sou inglesa, mas viajei pelo mundo inteiro, trabalhando como engenheira arqueológica, e acabei me estabelecendo no Chipre há 23 anos. Moro numa cidadezinha chamada Liopetri, que significa "pedras pequenas".
Tenho estado muito ocupada com os preparativos do casamento, que vai ser no sábado. Vou casar com o meu melhor amigo. Ele é cipriota e cuida muito bem de mim, o que é ótimo, porque, no ano passado, sofri um grave acidente de carro. Fiquei seis meses no hospital e, depois, outros seis meses na cadeira de rodas, mas passei por duas cirurgias para reconstituir os ossos quebrados no pescoço e nas costas, e agora ando com bengala ou com um colar cervical.
Tento me exercitar diariamente, nadando e remando um caiaque, coisa que gosto de fazer no *potamos*. *Potamos* quer

dizer rio, em grego — que é a língua falada no Chipre. Parece uma palavra que você conhece? Sim! Hipopótamo! Essa é a origem da palavra. Hipopótamo significa *ippos* (cavalo) e *potamos* (rio) — cavalo do rio. Se bem que o hipopótamo é meio gordo para ser chamado de cavalo, acho eu. E você? Bem que a gente podia acrescentar a palavra *vasha*, que significa gordo!

O meu trabalho consistia em ir a todos os lugares de interesse da arqueologia onde as pessoas fossem construir. Você sabe o que é arqueologia? É o estudo de coisas antigas — que às vezes estão enterradas no chão, como ossos e pedras, e às vezes são visíveis, como pirâmides ou ruínas em cavernas. É um trabalho muito interessante. O meu era ótimo, porque, quando comecei, fui a primeira pessoa a fazê-lo! Agora há muita gente fazendo isso, e é mais divertido (a parte da engenharia, não da arqueologia!).

Eu também escrevo livros e revistas. Espero que a mamãe e o papai gostem do livro que lhes mandei. É todo sobre o vinho no Chipre.

Desculpe a demora em escrever para você. Quebrei o pescoço de novo; e vou passar por mais uma operação dentro de dois dias. Assim vou poder andar e escrever. Eu me casei e estava tudo indo muito bem até sofrer a fratura; mas espero ficar melhor que antes, mais uma vez. ☺

Com muito amor,
Stanna

Dinamarca

Toby escreveu várias cartas para a Dinamarca, e todas poderiam ter sido incluídas no livro. Escolhemos a de Laura porque é uma das mais recentes e também porque veio de uma parte menos conhecida do país. Além disso, adoramos a maneira como ela descreve a Dinamarca: com a visão de quem se mudou para lá recentemente e se apaixonou pelo lugar.

Carta para Laura

Querida Laura,

Como vai? Você já foi ao Lindholm Høje? Parece um lugar incrível. Você pode entrar no submarino *Springeren*? Já esteve no Pavilhão da Água? De qual comida dinamarquesa você gosta mais? É verdade que aí faz muito frio no inverno?

Tchau,
Toby

Resposta de Laura

Querido Toby,

Como vai? Eu vou bem e fiquei muito contente com a sua carta. Primeiro, quero responder a todas as suas perguntas; depois, vou lhe contar mais alguma coisa.

Sim, fui ao Lindholm Høje [antigo cemitério viking], e é tão incrível quanto parece, principalmente se você tem a sorte de visitá-lo num dia de sol. Pretendo voltar lá na semana que vem, porque vai haver um festival viking que não quero perder de jeito nenhum! Nunca vi um viking, então estou empolgada. ☺

Se um dia você vier para cá, vai poder entrar no submarino ou subir num dos tanques e ouvir histórias maravilhosas. (Aqui todo mundo fala inglês, de modo que não vai ser difícil.)

Infelizmente, ainda não fui ao Pavilhão da Água.* Eu me mudei para Aalborg há pouco tempo, e atualmente o museu está sendo reformado. Vou ter de esperar até o outono

---

* Círculos concêntricos com jorros de água em toda a volta, situados numa sala do Museu de Arte Moderna de Aalborg. (N. T.)

para ir lá. Se eu entrar no Pavilhão da Água, prometo lhe mandar uma foto.

Mas eu entrei na fonte que aparece no postal que estou lhe enviando. Nele, você pode ver alguns dos meus lugares favoritos de Aalborg, apesar de que o Østre Anlæg (um parque) não aparece. Também procurei um postal de comida dinamarquesa, mas não achei nenhum. Ainda estou tentando descobrir a culinária dinamarquesa, mas, até agora, a minha receita favorita é creme de frango com aspargo branco. O gosto é muito melhor que a aparência! E eu adoro ruibarbo!

Como eu lhe falei, faz pouco tempo que me mudei para cá por causa do meu trabalho (sou geneticista populacional, voltada basicamente para preservação). Assim, troquei a Sardenha (Itália) por Aalborg. Os meus colegas daqui dizem que não faz tanto frio no inverno, que a temperatura fica em torno de 5°C e que não neva muito. Bom, devo confessar que não confio muito nisso; a primavera da Dinamarca mais parecia o inverno da Sardenha, de maneira que... espero não congelar nesse inverno!

No entanto, tirando o clima, Aalborg é um lugar maravilhoso para se morar. Existem vários museus e muitas atividades para gente de todas as idades. Mês passado, um grupo de crianças fez uma visita guiada ao fiorde e aprendeu uma porção de coisas sobre a vida marinha. Todo ano, os universitários e os estudantes de arte apresentam ao público as suas invenções e criações. Também há um lindo parque perto do Centro Cultural, onde todos os artistas (Sting, Elton John, Bocelli e muitos outros) plantaram uma árvore. É uma bela iniciativa, ainda mais bela porque pequenos alto-falantes são colocados perto da árvore e tocam algumas das canções mais famosas do artista em questão. E, de quando em quando, ocorrem pequenos festivais + feiras com produtos tradicionais de determinado país (Itália) ou continente (Ásia). Eu gosto desses eventos e espero que aconteçam mais vezes.

Anualmente, em 23 de junho, o pessoal acende fogueiras enormes, toca música e faz discursos para celebrar o dia mais comprido do ano. Acho fantástico, com toda aquela gente e o sol se pondo às dez e meia da noite.

Mas uma coisa que estou aguardando com ansiedade é a "Tall Ship Race". É uma corrida de veleiros, e você pode participar junto com a tripulação! Deve ser fabuloso velejar num daqueles navios tão grandes!! Eu nunca velejei, mas acho que fazer isso num desses navios é como ser pirata por um dia! ☺

Espero ter feito uma boa descrição da minha nova cidade, que está me deixando apaixonada. Gostaria de partilhar com você um pouco da beleza e do charme de Aalborg!

Divirta-se e continue PESQUISANDO! ☺

Tudo de bom para você (e para a mamãe e o papai também, é claro),

Laura

França

Como no caso da Dinamarca, temos um bocado de cartas da França para escolher! Toby começou a estudar francês, e logo umas palavras francesas vão começar a entrar nas cartas dele.

Carta para Nathalie

Querida Nathalie,
Como vai? Por que a Pont Neuf se chama Ponte Nova, se tem quinhentos anos de idade? Quais são os dois prédios no brasão? Você já foi à Cité de l'espace? Por que Toulouse é chamada de Cidade Rosa?
Tchau,
Toby

Resposta de Nathalie

Oi, Toby,
Gostei muito de receber a sua carta.
Desculpe a demora em responder, mas moro a trinta quilômetros de Toulouse e tive de dar um jeito de ir buscar os postais.
Tenho dois filhos: uma moça de dezoito anos e um menino de doze. Temos dois gatos e moramos no campo.
Vou tentar responder à sua pergunta sobre Toulouse. Toulouse é conhecida como Cidade Rosa porque as construções são de tijolos de argila cozida ou crua. Vista do avião, a cidade velha é cor-de-rosa. Outras cidades próximas foram construídas da mesma forma, como é o caso de Albi, por exemplo, que faz parte do Patrimônio Mundial da Unesco. Eu estive na Cité de l'espace há muito tempo, quando foi inaugurada. Tenho boas lembranças, porque pude ver uma [nave espacial] *Soyuz* e um [foguete espacial] *Ariane*. Também há um planetário e uma porção de coisas para ver. Parece um parque de diversões, só que bem especializado.
Você pode encontrar mais informações na internet.

A Pont Neuf, além de não ser nova, é paradoxalmente a mais antiga. Data de 1632 e foi inaugurada pelo rei Luís xiv, o chamado "Rei Sol" (ele morava em Versalhes). Outras pontes foram construídas, mas arrastadas pelas inundações. O rio Garonne era muito perigoso nessa época. A população de Toulouse manteve o costume de chamá-la de "Pont Neuf", ainda [que] não seja verdade. Esquisito, não é? Esse costume foi transmitido de geração em geração.

O brasão tem dois edifícios. Um foi destruído: o Château Narbonnais. No século xi, esse castelo era a residência dos condes de Toulouse. Erguida na antiga muralha romana, no século xi, a venerável casa dos condes Raymond era uma poderosa fortaleza que protegia Toulouse, com uma vista perfeita do rio Garonne e das pessoas que chegavam à porta da cidade. Foi demolida no século xvi [por ordem do rei Henrique ii]. O castelo, pelo menos a base, ergue-se atualmente a mais de três metros do chão. Os arqueólogos encontraram essas ruínas durante obras de restauração em Toulouse. No lugar existe agora o tribunal, mas, em seu interior, podemos ver o que restou do Château Narbonnais. O segundo monumento é a basílica de Saint-Sernin. Está no lado direito do brasão. É um dos edifícios mais famosos da cidade. Abriga as relíquias de são Saturnino, o primeiro bispo de Toulouse, martirizado no ano 250 d.C. Saint-Sernin é a maior igreja românica preservada da Europa. Mede 115 metros de comprimento por 64 metros de largura. Foi construída metade com pedra e metade com tijolos (como a pedra era cara, preferiram usar tijolo).

Toulouse também é conhecida por uma planta, a violeta, com a qual fazemos buquês, perfumes, doces.

Toby, espero que você me entenda, preciso melhorar o meu inglês! Espero que, um dia, você viaje pelos países que lhe mandam cartas. Vai ser fantástico.

Mas, por ora, o que você faz é maravilhoso, porque você entra em contato com o mundo sem *a priori*.
Continue fazendo isso, porque você se enriquece dia a dia.
Cordialmente,
Nathalie

Islândia

Todas as respostas que vieram da Islândia são maravilhosas. Em dezembro de 2014, no Natal, viajamos para lá, e Toby finalmente viu a aurora boreal com os seus próprios olhos, depois de perguntar sobre ela em tantas cartas!

Carta para Iggy

Querido Iggy,
Como vai? Você já esteve na igreja de Hallgrímur? Você viu o *Sun Voyager** ou a aurora boreal?
Tchau,
Toby

Resposta de Iggy

Caro Toby,
A resposta é três vezes sim! Vi todas as coisas que você perguntou e as vejo com frequência.

A igreja de Hallgrímur desempenha um grande papel na minha vida. É a minha paróquia. Canto no coro de lá há dezesseis anos, e foi nesse coro que conheci a minha mulher! Casamos nessa igreja, onde os nossos filhos foram batizados e crismados. Dentro dela há um órgão enorme e também um teclado, que permite tocar os sinos da torre.

O *Sun Voyager* fica a dois minutos da minha casa (como a igreja), e eu gosto muito dele! Passo por lá toda vez que saio para correr. É uma parada popular entre os turistas e, tenho certeza, um dos pontos mais fotografados de Reykjavík.

A aurora boreal é um fenômeno incrível! As luzes ficam se movendo no céu e mudando de cor, sem parar. Já vi algumas vezes, do meu jardim, mas é melhor ir para o campo, onde não há luz elétrica por perto. Lá, podemos ver bilhões de estrelas com muito mais nitidez!

Tudo de bom para você e boa sorte no seu projeto,
Iggy

* Escultura de aço na forma de um barco viking sobre uma base de granito criada por Jon Gunnar Arnason (1931-89) e inaugurada em 1990 para celebrar o bicentenário de Reykjavík. (N. T.)

Malta

Malta foi uma maravilha para Toby. Quando o projeto dele se tornou viral, muitos malteses entraram em contato — e foram tantos que brincávamos com Toby dizendo-lhe que seria reconhecido se parasse em qualquer esquina de Malta. Isso provavelmente não é verdade, mas as respostas que ele recebeu de lá são verdadeiramente incríveis. A resposta de Francesca mostrou para ele que o idioma maltês é muito difícil!

Carta para Francesca

Querida Francesca,
Como vai? Você nada no mar? Por que é tão difícil aprender maltês? Será que você pode escrever para nós uma frase em maltês? Dos países que você visitou, qual é o seu favorito? Para qual país você vai agora?
Tchau,
Toby

Resposta de Francesca

Querido Toby,
Obrigada por escrever para mim. Fiquei muito contente em receber a sua carta.
Como Malta é uma ilha do Mediterrâneo, o verão é muito quente, e nadar no mar é uma das coisas que mais gosto de fazer para me refrescar. Infelizmente, o mar fica muito frio e bravo nesta época do ano, de modo que, em 2015, ainda não consegui nadar nenhuma vez.
O maltês é uma língua muito especial, porque, ao longo da história, Malta foi dominada por uma porção de povos, inclusive por árabes, romanos, franceses e ingleses. Cada dominador deixou sua marca na nossa língua. Por isso algumas pessoas têm dificuldade para aprender maltês, que é uma grande mistura de idiomas. Para nós, malteses, é bom, porque assim entendemos um pouco de muitas línguas.
Se eu quiser dizer "O meu nome é Francesca" em maltês, direi: *"Jiena jisimni Francesca"*. Em maltês, a letra "j" tem o mesmo som da letra "y" em inglês. Assim, você pode dizer *"Jiena jisimni Toby u nieħu gost nikteb ittri lik nies madwar iddinja"*. O "ħ" tem o mesmo som do "h" em inglês, e a frase signifi-

ca: "O meu nome é Toby, e eu gosto de escrever cartas para pessoas do mundo inteiro".

Para responder à sua pergunta sobre o meu país favorito tive de pensar um bocado, porque cada país é único e especial à própria maneira, e sempre acho difícil escolher só um. Hoje, diria que as minhas cidades favoritas são: San Francisco, na América do Norte; Roma e São Petersburgo, na Europa; e Abu Dhabi, no Oriente Médio.

No final de março, vou para Chiang Mai, na Tailândia. Estou muito empolgada com essa viagem, porque há um santuário de elefantes mais ou menos perto do hotel onde vou ficar.

Tchau,
Francesca

Noruega (Svalbard)

Uma carta de Svalbard* talvez não represente a Noruega "típica", mas Toby ficou fascinado ao saber que, nesse lugar, muitas crianças já viram um urso-polar, cada família tem uma motoneta de andar na neve e há fósseis por toda parte. A classe nos enviou uma delicada e maravilhosa folha fossilizada!

* Arquipélago no oceano Ártico, pertencente à Noruega. (N. T.)

Carta para a escola de Longyearbyen

Queridos,
Como vão? Vocês têm cachorro que puxa trenó? Têm urso-polar? Encontraram algum fóssil? Como é a escola de vocês? O que vocês comem?
Tchau,
Toby

Resposta dos alunos da escola de Longyearbyen

Querido Toby,
Muito obrigado pela sua carta. Foi legal receber uma carta escrita por você. Como vai?
Estamos na classe 2 da Escola de Longyearbyen. Somos 22 alunos: onze meninas e onze meninos. As aulas começam às oito e quinze e terminam ao meio-dia e quinze; depois, alguns alunos ficam na escola para fazer outras atividades.
Nenhum de nós tem cachorro de puxar trenó, mas cinco têm cachorro e oito já andaram de trenó puxado por cachorros.
Existe muito-urso polar em Svalbard. A maioria da nossa classe já viu urso-polar ou rastro de urso-polar. O Philip viu um urso-polar perto da cabana deles. O urso-polar é um dos bichos mais perigosos do mundo. Os ursos geralmente não aparecem na cidade. Eles comem foca.
Quando nós fazemos uma excursão, levamos um rifle e um sinalizador.
Todo o pessoal da nossa classe tem em casa uma motoneta de andar na neve.
Svalbard tem 2500 habitantes; aqui, na cidade, somos uns 2 mil. Existe uma escola com 270 alunos.

Quase toda a nossa classe já encontrou um fóssil. As montanhas de Svalbard estão cheias de carvão e fósseis. O Ingvild achou um fóssil que estamos mandando para você.

Nós trazemos lancheira para a escola, e a escola nos dá frutas. Quem fica para fazer outras atividades depois das aulas ganha comida três vezes por semana. Comida quente. Fizemos uma lista do que gostamos de comer: bolacha com queijo, bacon, presunto, creme de caviar, patê de fígado ou creme de nozes com mel, salada de macarrão, macarrão, lasanha, pizza, taco, panqueca, mingau, bife, hambúrguer, almôndega, bolinho de peixe, frango.

Tomara que você esteja bem.

Lembranças da cidade que fica mais ao norte no mundo.

Reino Unido

Até agora, Toby escreveu 23 cartas para residentes do Reino Unido — como escolher uma? Muitas dessas pessoas são profissionais como arqueólogos, especialistas em desastres, agentes humanitários ou escritores. Algumas até partilharam conosco trabalhos de pesquisa que ainda não foram publicados, de modo que não podemos usar essas cartas! Assim, escolhemos duas cartas — uma de Andrew, arqueólogo que atua na Irlanda do Norte e cuja sugestão de dar nome à trolha chegou no mesmo dia em que saímos para comprar uma trolha para Toby procurar fósseis no feriado, e uma de Chrystal, porque a carta que ela recebeu e a resposta que enviou resultaram em maravilhosas contribuições para a página de Toby no Facebook, com pessoas partilhando conosco trilhas com esculturas do mundo inteiro — e Toby quer percorrer todas.

Carta para Andrew

Querido Andrew,
Como vai? Qual é a sua descoberta favorita de todas?
Qual é a sua descoberta favorita no Castelo de Dunluce?
Você já trabalhou com arqueologia em outro país? Quantas pessoas trabalham na escavação? Se eu tivesse uma trolha, que nome poderia dar para ela?
Tchau,
Toby

Resposta de Andrew

Caro Toby,
Gostei muito de receber a sua carta; eu vou bem, obrigado.
"Qual é a sua descoberta favorita?" é uma pergunta difícil para um arqueólogo, apesar de não me sair da cabeça a descoberta de uma câmara funerária da Idade do Bronze, toda forrada de pedras (que chamamos de cista). Foi emocionante ver os restos de uma pessoa junto com uma vasilha de barro deixada pelos seus entes queridos que ninguém tinha visto nem tocado ao longo de 4 mil anos ou mais.
Em Dunluce, acho que a minha descoberta favorita é aquilo que chamamos de sinete — um objeto de metal com uma imagem esculpida na extremidade usado para marcar o lacre de documentos oficiais. Tem uns quatrocentos anos de idade. Você gostaria de ter um para lacrar suas cartas?
Eu nunca participei de uma escavação arqueológica fora da Irlanda. Se bem que, nas férias, muitas vezes arrasto a coitada da minha mulher para sítios arqueológicos, só de brincadeira. Na verdade, um arqueólogo nunca desliga, mas

pode ter dificuldade para passar com a trolha pela segurança do aeroporto.

Uma escavação arqueológica pode ser bem pequena — com só um arqueólogo —, mas, em alguns casos, dezenas de arqueólogos podem trabalhar no mesmo sítio. Em Dunluce, geralmente somos dez arqueólogos por escavação, mas estamos planejando escavações maiores e esperamos contar com a participação de voluntários. Fique de olho: pode ser que, daqui a alguns anos, você acabe sendo um arqueólogo voluntário em Dunluce.

Espero que algum dia você tenha a sua própria trolha. Dar nome a ela é uma questão importante e muito pessoal — a escolha tem de ser sua. Que tal se inspirar nos nomes que os vikings davam para as espadas deles? Se você quiser conhecer arqueologia, deve haver um Clube de Jovens Arqueólogos perto da sua cidade — dê uma pesquisada.

Foi muito bom receber notícias suas, e eu lhe desejo a maior sorte do mundo com suas cartas.

Felicidades,
Andrew
Arqueólogo do Projeto Dunluce, DAD: Divisão de Ambiente Histórico

Carta para Chrystal

Querida Chrystal,
Como vai? Você viu as estátuas do Gromit quando elas estiveram em Bristol? Encontramos todos os cinquenta bancos de livro em Londres, no ano passado.* Qual é a sua pro-

---

* No verão de 2014, cinquenta bancos em forma de livro dedicados a escritores ou personagens relacionados a Londres ficaram espalhados por toda a cidade, cabendo às pessoas localizá-los. Os bancos, criados por vários artistas, foram

fissão? Você já dirigiu pela ponte pênsil de Clifton? Você vai à Festa do Balão?*

Tchau,
Toby

Resposta de Chrystal

Querido Toby,
Saudações de Bristol!
Muito obrigada pela sua carta. Foi uma honra recebê-la, pois sou sua fã há muito tempo, desde que você começou a escrever cartas.

Desculpe ter demorado algumas semanas para responder. Tenho três filhos e precisei esperar as férias de verão para ter a oportunidade de escrever!

Respondendo às suas perguntas: eu tenho uma profissão. Trabalho na escola primária dos meus filhos, onde estou treinando para ser auxiliar de ensino. Trabalho muito com crianças que têm necessidades educacionais especiais. É um trabalho duro, mas também muito divertido. Como ainda estou em treinamento, vou à faculdade toda sexta-feira para aprender a exercer a minha profissão da melhor forma. Também trabalho para um consultor financeiro. E ainda me dedico ao artesanato, transformando livros velhos, que seriam destruídos, em obras de arte. É muito interessante, e pelo menos os livros são reciclados.

---

leiloados em 7 de outubro de 2014 a fim de arrecadar fundos para aprimorar a leitura no Reino Unido. (N. T.)

* Também conhecida como Bristol International Balloon Fiesta. Criada em 1979, ocorre em agosto e dura quatro dias, com lançamentos de mais de cem grandes balões inflados duas vezes ao dia, às 6h e às 18h, com participantes não só do Reino Unido, mas de outros países. (N. T.)

Já dirigi pela ponte pênsil de Clifton e também a atravessei a pé. Bem no meio da ponte, a vista é fantástica, mas pode ser assustador ficar lá quando venta muito! Perto da ponte pênsil há uma encosta de pedra completamente lisa. Tanta gente escorregou ali ao longo dos anos que agora a pedra está lisa como vidro!

A Festa do Balão é muito divertida, principalmente a parte das luzes noturnas. À noite, depois que o sol se põe, muitos balões são amarrados ao chão e inflados com ar quente. A música começa a tocar, e os balões são iluminados no ritmo da música. Parece que estão dançando! A Festa do Balão geralmente ocorre num fim de semana próximo do meu aniversário... Não sei se vamos participar neste ano, porque estaremos muito ocupados nas férias de verão. Pelo menos vamos ver os balões pairando sobre a casa durante todo o fim de semana!

Quando as estátuas do Gromit chegaram a Bristol, nós nos divertimos muito tentando encontrá-las! Dois anos antes dos Gromits, foi a vez dos gorilas. Eles foram leiloados para levantar dinheiro para o zoológico. Os Gromits foram usados para arrecadar dinheiro para o hospital infantil. Este ano, é a vez de Shaun, o Carneiro! Até agora conseguimos encontrar quatro carneiros, inclusive o meu favorito. Ele se chama Buddleia e foi todo pintado com flores e borboletas! É lindo! Em Londres também tiveram Shaun, apesar de que, em Bristol, teremos mais. Eu vi os bancos; são incríveis!

Muito obrigada por reservar um tempo para escrever para mim. Acho que você está fazendo uma coisa incrível.

Com muito carinho,
Chrystal x

Sérvia

Só conhecemos Tatjana graças ao projeto; agora nos comunicamos com ela on-line frequentemente. Ela traduziu e nos mandou um livro infantil e, quando o projeto se tornou viral, acabou falando sobre ele numa rádio sérvia — Tatjana nos enviou um link para ouvirmos o programa, e essa foi uma das raras ocasiões em que ouvimos a voz de um correspondente de Toby!

Carta para Tatjana

Oi, Tatjana,
Como vai? Você esteve na fortaleza? Você sabe por que é que existem tanques lá? Você já nadou no Danúbio?
Tchau,
Toby

Postais de Tatjana

Oi, Toby!
Estou adorando participar do seu projeto Writing to the World ☺ Nosso mundo é um lugar interessante, com tantos lugares e tantas pessoas bonitas!
Beograd (Belgrado) é a capital e a maior cidade da Sérvia, localizada na confluência dos rios Sava e Danúbio (que nós chamamos de Dunav). Eu não nado no Danúbio, mas adoro nadar no lago da cidade, em Ada Ciganlija.
Espero que você e a sua mãe venham nos visitar algum dia.
☺ Tatjana

A nossa fortaleza, Kalemegdan, é muito antiga. Foi construída por uma tribo celta, e depois, sob o domínio romano, séculos antes de Cristo, passou a se chamar Singidunum.
Ela representa a antiga cidadela e o lindo parque Kalemegdan. Os tanques que você viu estão lá porque a fortaleza abriga um museu militar, além de um museu de silvicultura e caça e do zoológico de Belgrado.

Lembranças de Belgrado, Sérvia!
Espero que você receba um monte de postais do mundo inteiro!!!

Suécia

Ao escrever para Annali, tivemos a oportunidade de ler, pela primeira vez, sobre a Capital Europeia da Cultura, e Toby escreveu a carta em 2013, pouco antes de Umeå receber esse título, em 2014. Procuramos Capitais Europeias da Cultura anteriores e descobrimos que eram escolhidas com muita antecedência! Foi também graças à carta para Annali que, pela primeira vez, Toby tomou conhecimento da existência de indígenas fora dos Estados Unidos e do Canadá. Adoramos pesquisar sobre a cultura e a língua sami.

Carta para Annali

Querida Annali,
Como vai? De quanto em quanto tempo você vê a aurora boreal? Você conhece o povo sami [lapão]? Por que Umeå é a Capital Europeia da Cultura?
Tchau,
Toby

Resposta de Annali

Hej, Toby!
Eu vou muito bem. Espero que também esteja tudo bem com você!
A cada dia vai ficando mais escuro e frio em Umeå, Suécia. Hoje, o sol se pôs às duas e vinte da tarde! Eu vejo a aurora boreal várias vezes, mas gostaria de ver toda noite. Quando está escuro e o céu está limpo, as cores das luzes dançam no céu, e é uma coisa mágica, de tirar o fôlego.
Eu conheço poucas pessoas da cultura sami; essa é uma cultura rica, e o único grupo humano que eu sei que tem renas de verdade! Muito legal! A Capital Europeia da Cultura trabalha para ensinar mais coisas sobre o norte da Suécia e as qualidades únicas do país. Seria divertido se houvesse um monte de turistas, de música e de esportes!
Eu gosto da tranquilidade da Suécia no inverno, justamente ao pôr do sol, quando tudo fica um pouco mais silencioso e a luz faz a neve cintilar. É um pouco cedo, mas, pelo menos este cartão vai estar nas suas mãos quando o Natal chegar! Está escrito: "Feliz Natal e Feliz Ano-Novo! Boas festas!".
Continue perseguindo seus sonhos, Toby; essa é uma qua-

lidade admirável e desejada. Mantenha-se sempre apaixonado por viver e, acima de tudo, ame muito e aproveite a vida!
Hälsningar,
Annali

AMÉRICAS CENTRAL E DO NORTE

Bahamas

Depois que escreveu para o então diretor da escola St. Andrew's, nas Bahamas, Toby recebeu um monte de postais escritos pelo "dr. C", por professores e alunos. Foi uma explosão de cores; parecia que haviam transportado as Bahamas para a nossa casa, em Sheffield!

Carta para o dr. Canterford

Querido dr. Canterford,
Como vai? Por que a Cat Island [Ilha do Gato] é chamada de Cat Island? O senhor já esteve no Marine Habitat, em Atlantis?* Esteve na Preacher's Cave?** Como é a sua escola?
Tchau,
Toby

Resposta do dr. Canterford e da escola st. Andrew's

Oi, Toby,
Espero que você goste de todos os postais das Bahamas. Faz dois anos que moro aqui e gosto muito. Se um dia você vier para cá, teremos muito prazer em lhe mostrar nossa escola. Espero que você receba muitos outros postais do mundo inteiro.
Felicidades,
Dr. C (É assim que os meus alunos me chamam!!)

Olá, Toby,
Eu me chamo Ms. Tilney e sou professora da escola St. Andrew's, em Nassau, nas Bahamas. Nós temos uma piscina, um salão grande, muitos parquinhos e muitas salas de aula. Faz muito sol aqui e também chove muito. O mar é lindo, e

---

* O Marine Habitat [Habitat marinho] é um imenso aquário, tido como um dos melhores do mundo. Atlantis é um resort de tema marítimo, situado na Paradise Island, Bahamas. (N. T.)

** Caverna em Eleuthera, ilha das Bahamas, onde William Sayle (*c.* 1590-1671) e um grupo de cristãos procedentes das Bermudas se refugiaram após naufragar nas proximidades e onde realizaram o primeiro culto religioso no local (daí o nome, que significa "caverna do pregador"). (N. T.)

as crianças estão contentes na escola. Sou de uma cidade chamada Norwich, na Inglaterra.
Ms. Tilney

Querido Toby,
Eu nunca fui ao Marine Habitat em Atlantis, mas os meus filhos (Marley, de quatro, e Charlotte, de um) vão à praia todo fim de semana. Marley está aprendendo a nadar e adora mergulhar com tubo de respiração. Às vezes é difícil tirá-lo da água. Charlotte também adora praia, mas tem medo das algas!
Felicidades daqui das Bahamas,
Rachael

Querido Toby,
Eu me chamo Adam. A vida nas Bahamas é muito legal. É muito bacana morar aqui, mas faz um calor danado.
Joby

Olá, Toby,
É muito legal morar aqui porque não existe nenhum prédio alto.
Cordialmente,
Adam

Oi, Toby,
Eu sou das Bahamas. Acho muito bacana você estar mandando postais para o mundo inteiro. Eu me chamo Alexander. Pode me chamar de Alex.
Seu amigo,
Alex

Querido Toby,

O mar das Bahamas é o mais limpo do mundo. E o buraco azul na Long Island, Bahamas, é o mais fundo.* A nossa escola também é incrível. Tem muita criança e muito professor legal. A vida nas Bahamas é incrível demais. Nós também vamos à praia todo domingo. A verdade é que nós temos um enorme paraíso chamado Atlantis. Também é incrível. Adoro as Bahamas!

Joshua

---

* O Dean's Blue Hole [Buraco azul de Dean] é uma caverna submarina, que, com seus 202 metros de profundidade, é considerada a mais funda do planeta. (N. T.)

Canadá

Adoramos pesquisar a carta de Shaun, que nos levou às Primeiras Nações do Canadá.* Assim como os seus alunos, ele fez longos comentários sobre a página Writing to the World *no Facebook, partilhando conosco a sua vida e a sua cultura. Shaun nos mandou duas receitas: uma de* bannock [tipo de pão] *e uma de cozido de alce — fizemos o* bannock *praticamente na hora, mas ainda não encaramos o alce!*

---

* Povos indígenas do Canadá e seus descendentes, com exceção dos inuítes (popularmente chamados de esquimós) e dos mestiços. (N. T.)

Carta para Shaun

Querido Shaun,
Como vai? Como é viver em duas culturas? Você conseguiria viver sem fazer compras? Que tipo de comida e de remédio vocês coletam? O chefe Brian LaDue é seu pai? Que filmes você gostaria de escrever?
Tchau,
Toby

Resposta de Shaun

Dentae Toby:
Eu moro uma parte do tempo em Vancouver, Colúmbia Britânica, que é uma cidade muito grande, e uma parte em Ross River, que é um vilarejo cercado de florestas, montanhas, rios e lagos. Em Vancouver há muita gente, mas não muitas florestas ou animais selvagens. Você perguntou sobre Brian LaDue, o chefe do Ross River Dena Council; ele é meu sobrinho, o filho mais velho da minha única irmã. Tenho muito orgulho dele.

Vou ensinar redação e arte na escola local até 22 de novembro, depois voltarei para Vancouver. Falei de você para meus alunos, e eles resolveram lhe escrever. Por isso, incluí todas as cartas deles. Eles estão muito curiosos para saber sobre você e seu tipo de vida. Comecei a escrever o roteiro do meu primeiro filme. É uma história de amor. Depois, espero escrever uma história de ficção científica. Eu gosto de todo tipo de filme.
Cuide-se,
Shaun

From: Miss Claudia Spens M.V.O.
The Office of TRH The Duke and Duchess of Cambridge and HRH Prince Henry of Wales

Private and Confidential

9th October, 2015

1. Palácio de Buckingham

Toby escreveu para o duque e a duquesa de Cambridge, cumprimentando-os pelo nascimento da princesa Charlotte. Embora mantenhamos a resposta "privada e confidencial", posso dizer que Toby ficou radiante com a carta de agradecimento.

A tradução das imagens reproduzidas aqui pode ser consultada no Apêndice, na p. 237 deste livro.

> Dear Toby,
>
> I am fine, how are you? I don't like Sibelius music. We don't have a Finnish music day at school. Yes, I like school in Finland because on Friday I come home at 12. My favorite subject is reading time. My favorite book is "my naughty little sister" and "the Indian in the cupboard."
>
> From,
> Grace

2. Finlândia
Toby adorou essa cartinha e esse desenho de uma menina finlandesa chamada Grace.

Dear Toby, A bumper letter from Lebanon

By Olivia Alabaster and Nadia Massih
The Daily Star

BEIRUT: The way newspapers are made today is probably a lot less exciting than in the olden days, when journalists wrote on typewriters, news was spread around the world by telegram and the pages were laid out letter by letter in a printing press.

Today, we use the internet and our computers to do almost all of the work that goes into making the newspaper.

We use the internet to research stories, and to track down contacts who can provide the information and quotes for each article: much like how you and your mum used the internet to locate people to contact in every country around the world – a task I'm sure many journalists wouldn't be up to!

Once we have all the information we need, we write up the story, which begins with a "byline," the author's name. So yours would be "Toby Little." Then a "dateline," which is the city in which the story is written. Yours would be "Sheffield."

This helps the reader understand where the news is coming from, and who is writing it. If they had a query or a problem with the story, they could write to the newspaper and ask to be put in touch with that journalist.

We then try and tackle the essentials of the news story – what happened, who is involved, when and where it happened, and why it might have happened – if we know. Feature stories are generally longer than a typical news article, and they delve deeper into the issues involved: they are more like a short non-fiction story.

As our newspaper is based in Lebanon, The Daily Star focuses on local news, so we have reporters all around the country who send in stories to us, and we have reporters here in the Beirut office.

Some recent stories we have published have been about forest fires, people keeping lions as pets on city-center balconies, and Syrian refugee children living in Lebanon.

For international news, and news from other countries in the Middle East, we use something called a "wire agency," as we do not have our own reporters in each country. Each wire agency has their own staff all around the world. So we pay to subscribe to the wire agency, and they send us stories from their reporters that we can use in our newspaper.

As the reporters are writing, page designers are creating the layout of each page. They draw out a box for each article, and leave spaces for photos, headlines and adverts.

At the same time, our photographers are out taking pictures, and the photo editor is choosing the best photo to match each story.

After the reporters have written the story, they send it to the sub-editors.

The sub-editors read over the story to check that it makes sense and that all the spelling is correct.

They are reading the story as it looks on the page, so they make it fit perfectly in the box that the designers have drawn out. And they write headlines and picture captions to fit in the spaces provided.

There are also section editors working on each page, ensuring that all the news is covered and that journalists are meeting their deadlines.

Once each page is finished (our paper has 16 pages) it is taken to the editor of the paper, who is in charge of the whole operation. They read over it to make sure it all looks good and makes sense.

After that, each page is sent to the printers. Our final deadline is midnight. The printers work overnight to produce the paper, and then it is delivered across the country to newsagents in the early morning so that people can read the news over breakfast.

3. Líbano
Uma das cartas prediletas de Toby! Venetia e os seus colegas jornalistas do *Daily Star*, no Líbano, não mediram esforços para produzir uma primeira página inteiramente dedicada a Toby, usando as perguntas dele como ganchos para artigos.

4. Bósnia-Herzegóvina
Cada criança dessa escola desenhou para Toby um aspecto da própria vida — comida, paisagem ou instrumentos musicais — para que, todos juntos, os desenhos formassem uma pequena colcha de retalhos da vida na Bósnia-Herzegóvina.

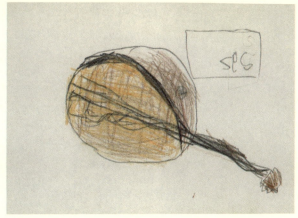

Hello Toby! Thank you for your wonderful letter, and for the postcard. You must have tired fingers from all that writing! To answer your questions; I haven't been to Jalali fort because it is closed to the public, but I have visited lots of other amazing forts here. I think Nakhal fort is my favourite so far. I haven't met the Sultan yet, but maybe one day! As for the sultanas, the name comes from the grape that is used to make sultanas. The grape comes from Turkey, and was named after the wife of the Sultan in Turkey, who was called the Sultana. They use lots of sultanas in the food here, it is delicious! Oman also has lots of turtles, so here is a picture of a turtle making a nest. Take care and good luck! Jeanne

Sultanate of Oman — Green Turtle
Glorious dawn
Photograph by: Abdullah Al Shuhi
Email: abshuhi@gmail.com
All rights reserved

5. Omã
Toby recebeu essa fascinante resposta de Jeanne à pergunta: "As sultanas são chamadas de sultanas porque são para o sultão?".

6. Irã

A maioria das crianças do mundo inteiro é fascinada por mitos e monstros; assim, ao receber este maravilhoso desenho de Kareh, Toby tratou de aprender mais alguma coisa sobre o terrível "Simorgh" iraniano.

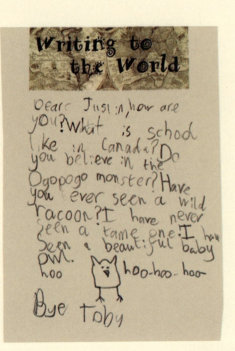

7. Canadá
Ao pesquisar os mitos do Canadá, Toby encontrou o Ogopogo, um monstro que supostamente vive num lago da Colúmbia Britânica — mais ou menos como o monstro do lago Ness, na Escócia.

8. Michigan
Melissa, do Museu Henry Ford, em Michigan, convidou Toby para visitá-la, e, dezoito meses depois, ele conseguiu ir! Aqui o vemos sentado no famoso "ônibus de Rosa Parks".

Querido Toby,

Eu me chamo Daniel. Moro em Ross River. É legal morar aqui. Como é o lugar onde você mora? Deve ser bom para você, porque você vai fazer aniversário. Vai fazer seis anos. Feliz aniversário! Temos lobos por aqui. Eles parecem uns cachorrões. São muito malvados. Também saem para caçar em bando. Os pássaros daqui não são os mesmos daí. Que pássaros existem aí? A internet é rápida, aqui. Eu gosto de jogar no computador e de brincar lá fora. Estou no sexto ano. Também caço caribu com uma [Winchester] cal[ibre]. 30.30 no inverno. Eu guio uma moto de quatro rodas. É bem rápida. Como é morar na cidade? Esta é uma palavra [da língua] kaska [que] quer dizer até logo: *nahganastanzi*.

D.

P. S. Cool Beans

Querido Toby,

Como vai? Eu vou bem. Eu me chamo Michael. Tenho doze anos e estou na sétima série. Feliz aniversário, Toby. Eu moro no Yukon, em Ross River. Faz frio aqui. Já vai nevar em Ross River. Ross River é uma cidade bem pequenininha. Quase toda a minha família sai para caçar bichos como alce, ganso, galo silvestre. As crianças de Ross River podem guiar moto de andar na neve e moto de quatro rodas. No verão, o rio inundou Ross River, e muitas casas ficaram alagadas. Aqui tem uma escola, e é chamada Escola de Ross River. É uma escola pequena. Tem entre cinquenta e cem alunos.

Esta é uma palavra em kaska, a minha língua: *nahganastanzi*. Quer dizer até logo.

Do Michael

Querido Toby,

Como vai? Eu vou bem. Eu me chamo Jared. Vou fazer onze anos e estou na sexta série. Ross River é meio chato. A nossa professora se chama Ms. Etzel. A minha avó e o meu avô é famoso [sic]. Eu moro no Yukon. Em 2012, uma fêmea de alce quase me matou. Vou falar de Ross River — não tenho muito para falar. A nossa escola é muito divertida. Tem 44 alunos, e às vezes aparecem lobos na nossa cidade. Eles sempre matam cachorros. Não precisa ter medo de lobo. É simples espantar lobo. Você só tem de pôr um chifre grandão, acender a luz e mostrar para ele que você é grande e alto. Ele sai correndo. É isso. É o que eu tenho para falar; tomara que você venha para cá — vou ensinar você a espantar lobo.

Do Jared

Querido Toby,

Eu me chamo Danika e tenho doze anos e estou na sétima série. Aqui em Ross River é muito divertido, e a comunidade tem 352 pessoas e a escola tem 44 alunos. Esta é uma comunidade muito pequena, ao contrário da Inglaterra. A cidade mais próxima é Whitehorse [capital do Yukon] e fica a cinco horas de distância de Ross River. Na floresta, é muito divertido e existe um monte de bicho. Um monte de tipo de bicho, como alce, lobo, marmota, galo silvestre, marta, lince, caribu, e em Ross River só tem uma loja e um posto de gasolina.

Nahganastanzi,
Danika

Dominica

A carta de Lisette estava coberta de selos com figuras de lindos animais, e, quando soubemos dos 365 rios da Dominica, Toby imediatamente pensou que seria maravilhoso visitar um deles a cada dia, durante um ano inteiro — mas esse é um projeto que talvez tenha de esperar um pouco...

Carta para Lisette

Oi, Lisette,
Como vai?
Você viu *Piratas do Caribe* sendo filmado? Como é morar perto de tanto vulcão ativo? Qual é a sua profissão?
Tchau,
Toby

Resposta de Lisette

Querido Toby,
Eu lhe devo um enorme pedido de desculpas. Há muito tempo que eu devia ter escrito para você. Andei muito ocupada, já que tenho uma imobiliária aqui na Dominica. Também sou artista e estive pintando os nossos papagaios nativos, o *sisserou* [papagaio-imperial] e o *jaco* [papagaio-de-colar-vermelho].

Toby, o Caribe é o lugar para onde vinham todos os piratas e onde foi filmado o famoso filme *Piratas do Caribe*. Nós moramos na ilha de Dominica, que as pessoas confundem com a República Dominicana. A Dominica é formada por nove vulcões inativos, por isso se chama Waitukubuli, que significa "como é alto o corpo dela".

A Dominica é conhecida como a joia da coroa de todas as ilhas, porque é linda e, ao contrário de qualquer outra ilha das Índias Ocidentais, tem 365 rios! Temos as cachoeiras mais incríveis e uma grande quantidade de fontes, de modo que não nos falta água. Isso torna a ilha muito fértil e nos permite plantar qualquer coisa. Também temos o Boiling Lake [lago fervente], formado pelo enxofre que vem da terra. É uma sorte termos uma porção de piscinas quentes, fantásticas para nadar ou apenas relaxar, como depois de um banho quente!

No século XIX, a Dominica produzia muito limão para a [fábrica] Rose's Lime Juice. Durante muitos anos, até pouco tempo, cultivávamos e vendíamos bananas. No momento, as bananeiras estão com uma doença chamada sigatoka negra (não sei se é assim que se escreve, pois hoje estamos sem internet!!).

Meu marido, Laurie, e eu moramos no vale Layou, perto do rio Layou. Esse rio é um dos maiores da Dominica, e os turistas, principalmente os que estão fazendo cruzeiro, costumam boiar e nadar ali. Muitos navios de cruzeiro nos visitam na temporada turística, que vai de novembro a abril, seis meses. Um dos motivos para termos uma temporada turística de apenas seis meses é a temporada de furacão, que se estende de junho a novembro! Não temos furacão todo ano, graças a Deus, mas às vezes pode haver um. No verão, todos os iates vão para o Mediterrâneo; assim, não correm o risco de ser atingidos por um furacão no Caribe.

Nós moramos no meio do campo; temos três acres de terra e plantamos um monte de frutas. Gostamos principalmente de limão. No café da manhã, é ótimo comer banana, abacaxi, papaia, toranja e laranja cultivados por nós mesmos. Temos uma casinha com um deque bem grande. Geralmente, ficamos no deque o ano inteiro, porque aqui é muito bonito e muito mais quente que o Reino Unido. Gostamos de nadar no rio. Também é gostoso lavar o cabelo no rio. Estamos a apenas uns quatrocentos metros do rio Layou. Por sorte, não temos vizinhos, de modo que o nosso cantinho é muito tranquilo e silencioso.

A população da Dominica é pequena, cerca de 66 mil habitantes. Também temos os caraíbas, indígenas da Dominica. Eles moram nas suas próprias terras, que são como uma reserva nos Estados Unidos. Os caraíbas têm muita habilidade para fazer cestos e peças de artesanato, que vendem para os turistas. Também são bons pescadores.

No começo desta carta, contei que sou artista. No momento, estou pintando papagaios e beija-flores. Copiamos as pinturas em capachos e postais, que vendemos para os turistas e para o público em geral. A comissão florestal controla os nossos papagaios rigorosamente, porque eles têm sido mortos e caçados e estão ameaçados de extinção. Laurie e eu tivemos um papagaio durante muitos anos, e ele morreu em junho deste ano. Fiquei tão triste que passei a pintar papagaios para me consolar, e assim nasceu a ideia de fazer isso pela Dominica. Assim o espírito do nosso papagaio continua aqui, pois eu usava muito o Ernie como modelo e o pintava com as cores do *sisserou* e do *jaco*. O *sisserou* é conhecido como papagaio-imperial e é maior que o *jaco*. O *sisserou* é azul-escuro arroxeado e verde; o *jaco* é verde e vermelho. Em determinadas épocas do ano, eles vêm nos visitar na nossa casa. São engraçados e muito barulhentos. Têm muitas frutas e nozes para comer. É fantástico observá-los livres na natureza.

Mais uma vez, peço desculpas por demorar tanto para lhe escrever. Por favor, mantenha contato.

Felicidades,
Lisette & Laurie

Estados Unidos da América

Melissa entrou em contato conosco depois que o projeto de Toby se tornou viral — ela trabalha no Museu Henry Ford, em Michigan, e percebeu o interesse do menino pelo ônibus de Rosa Parks.* Quando recebeu a carta dele, enviou-lhe uma resposta maravilhosa e bem detalhada. Sugeriu que ele fosse para lá e visitasse o museu — e, cerca de dezoito meses depois, tivemos a sorte de ir! Assim, Melissa é a única correspondente de Toby que conhecemos pessoalmente. Ela foi generosa, passou quase um dia inteiro nos mostrando o museu, e garantimos que é tão maravilhosa em pessoa quanto sua carta sugeria — ah, Toby também sentou no ônibus de Rosa Parks!

---

* Rosa Parks (1913-2005) foi a costureira negra que, em 1º de dezembro de 1955, se recusou a ceder lugar a um branco no ônibus, desencadeando o boicote dos ônibus de Montgomery, que se estendeu por 381 dias; ela é símbolo do movimento dos direitos civis dos negros nos Estados Unidos. (N. T.)

Carta para Melissa

Querida Melissa,
Como vai? Você sentou no ônibus de Rosa Parks? Eu quero muito, muito sentar lá! Qual é a sua peça favorita no Museu Henry Ford? O que você come?
Tchau,
Toby

Resposta de Melissa

Olá, Toby,
Como vai? Como vai na escola? O que você está aprendendo? Aprendeu alguma coisa bacana em história?
Nossa, a sua carta chegou justamente quando eu mais precisava dela. Andei terrivelmente ocupada nas últimas semanas e estava abrindo a minha correspondência quando me deparei com a sua carta. Gostei muito de recebê-la e espero que você não se importe que eu a partilhe com alguns colegas e amigos. Contei para todo mundo sobre o seu projeto, e todos ficaram muito admirados ao saber que você, na sua idade, é tão ambicioso. Uma boa amiga, chamada Lynn, falou que você deve ter uma alma velha por gostar de coisas pelas quais a maioria das crianças da sua idade não tem interesse. Então, vamos lá responder às suas perguntas e lhe contar uma história engraçada.

Pergunta 1: Como eu vou?
Eu vou bem. Acabei de encerrar longas semanas de trabalho. Agora estou tirando uma folguinha.

Pergunta 2: Se eu já sentei no ônibus de Rosa Parks?

Sim, várias vezes. Sentei em lugares diferentes, inclusive naquele que ela se recusou a ceder. Também conto a história de Rosa para os visitantes. É uma bela história, e ela mesma a deixou registrada numa gravação. Se vocês vierem a Michigan, vou guiá-los pelo museu e pelo Village,* e você poderá se sentar no ônibus de Rosa Parks.

Pergunta 3: Qual é a minha peça favorita no Museu Henry Ford?

Ora, Toby!! Que pergunta mais difícil!! Deixe-me ver; eu gosto de tudo do Henry Ford, mas percorro e gosto mais do Museu Henry Ford e do Greenfield Village. Agora, devo dizer que meus favoritos mudam, porque vivo procurando alguma coisa nova e empolgante, e, portanto, meus favoritos mudam.

No momento, devo dizer que gosto da Allegheny, do Bugatti Royale, do Wienermobile** e da exposição Liberdade e Justiça para Todos. Acho que gosto da locomotiva Allegheny por causa do tamanho e porque sei que ela chegou aqui pela própria força. Gosto do Bugatti porque é o carro mais caro do mundo; existem poucos, e tive o prazer de vê-lo circular pelo Village numa das exposições de carros que o museu Henry Ford realizou no verão. É lindo e um dos muitos carros especiais da coleção. O Wienermobile é apenas uma peça extravagante do museu que provoca um sorriso em qualquer visitante. Agora, a melhor parte e provavelmente a mais empolgante é a Liberdade e Justiça para Todos. Essa exposição mostra a história do meu país desde a

---

* Vasto parque, verdadeiro museu a céu aberto, com 83 construções históricas, como o laboratório de Thomas Edison, a casa e a bicicletaria dos irmãos Wright e o prédio onde Lincoln advogou. (N. T.)

** Carro em forma de pão com salsicha, criado em 1936 e fabricado pela Chevrolet. (N. T.)

Revolução até os direitos civis. É nela que está o ônibus de Rosa Parks, a cadeira de Lincoln e todo o material de um dos acampamentos de Washington.

No Greenfield Village, que faz parte do complexo, eu gosto dos trens a vapor, do Laboratório de Thomas Edison em Menlo Park e da Main Street, onde ficam a casa e a bicicletaria dos irmãos Wright. A minha locomotiva favorita é a Baldwin n. 7, que demorou mais de sete anos para chegar, porque Thomas Edison teve participação no processo e até recriou seu experimento com a lâmpada quando o Village foi inaugurado, em outubro de 1929. A Main Street é bacana por causa dos seus diferentes aspectos da vida cotidiana. Nessa rua fica a Logan County Courthouse, o tribunal em que Abraham Lincoln exerceu a advocacia na juventude e onde se encontra uma cômoda que ele e o pai construíram. Foi na casa onde moravam e na bicicletaria que os irmãos Wright criaram o primeiro aeroplano que realmente deu certo.

Pergunta 4: O que você come?

Eu como de tudo, mas quem trabalha onde eu trabalho tem de experimentar receitas antigas. No Greenfield Village existe um cozido de carne muito gostoso, e nos feriados são servidos uns sanduíches de rosbife que são incríveis. Em Dearborn podemos experimentar muita comida árabe e de outras nacionalidades. Com toda a comida deliciosa que temos aqui, eu não perco nenhuma refeição.

Aqui vão alguns fatos de Michigan que você talvez goste de saber.

1) Qualquer habitante de Michigan pode lhe dizer onde mora simplesmente levantando a mão e apontando.

2) Um ditado de Michigan: "Se não está gostando do tempo, espere cinco minutos — ele vai mudar".

3) Michigan tem a costa de água doce mais longa dos Estados Unidos e a segunda maior costa do país, depois do Alasca.

4) Michigan é o único estado do norte dos Estados Unidos que ultrapassa [em parte] o sul do Canadá. Windsor, no sul de Ontário [Canadá], fica ao sul de Detroit [Estados Unidos].

5) A Península Superior é quase toda coberta de florestas.

6) Os habitantes da Península Superior são chamados de *yoopers* e chamam os moradores da "luva" (Península Inferior) de "sem-teto", porque moram embaixo da ponte (a ponte Mackinac).

Por fim, antes de encerrar a minha carta, quero lhe desejar feliz aniversário e boas festas.

Até a próxima,

Melissa

P. S. Estou enviando um pacote. Peça para a mamãe me avisar quando você o receber.

Granada

Kate trabalha com tartarugas — o que imediatamente fez dela a pessoa mais bacana do mundo para Toby! Ao longo da nossa pesquisa, ele enfiou na cabeça que quer ir mergulhar em Granada — para ver as tartarugas e para descobrir o incrível parque de esculturas subaquático.*

---

* Parque de Esculturas Submarinas de Granada, criado em 2006, com esculturas de arame, concreto e aço do britânico Jason Taylor. (N. T.)

Carta para Kate

Querida Kate,
Como vai? Você já viu uma tartaruga? Quantos anos a gente precisa ter para ser voluntário no projeto? O que as tartarugas comem? O que as crianças fazem no clube? Qual é a sua espécie de tartaruga favorita? Nós vamos olhar sua página no Facebook.
Tchau,
Toby

Resposta de Kate

Querido Toby,
Obrigada por sua carta. Fiquei muito contente quando a encontrei na minha caixa de correio aqui em Granada.
Eu sou bióloga marinha, especialista em tartarugas que vivem no mar. Trabalho basicamente com a tartaruga-de--couro, a tartaruga-verde e a tartaruga-de-pente.
A tartaruga-de-couro é a maior que existe na Terra; está aqui há mais de 1 milhão de anos e vive no mar desde a época dos dinossauros. Ela pode ser mais alta que um homem adulto, é mais pesada que um piano e todo dia come quilos de água-viva (uma quantidade igual ao peso dela)!
Já vi muitas tartarugas este ano, e minha equipe registrou que, até agora, avistou mais de mil tartarugas e mais de oitocentos ninhos; a carapaça da maior tartaruga tinha 171 centímetros de comprimento. A chocagem dos ovos de tartaruga demora uns 65 dias, até a tartaruguinha sair da casca. Neste instante, estamos vendo uma porção de tartaruguinhas correndo para o mar.
Na nossa escola primária temos um clube de ciência

experimental, onde semanalmente os alunos aprendem várias coisas sobre tartarugas, recifes, oceanos, mudança climática e meio ambiente. Amanhã vamos falar sobre recifes de coral e as criaturas que vivem ali.

A minha tartaruga favorita é a tartaruga-verde, porque tem uma linda carapaça e a gente pode mergulhar com ela. Você já viu alguma tartaruga nas suas viagens? São umas criaturas incríveis de se observar na praia e no mar.

Granada é conhecida como a ilha das especiarias e cultiva muitas delas, como canela, noz-moscada, cacau, cana-de-açúcar e cravo. Na nossa ilha fabricamos barras de chocolate. São uma delícia! Mandei uma para você saborear ☺

Boa sorte com todas as suas cartas, e espero vê-lo na sua página do Facebook.

Lembranças carinhosas,
Kate
Chefe de projetos
Ocean Spirits

Guatemala

Toby escreveu para Trish logo no início do projeto, quando ainda pensava que todo vulcão era um lugar perigoso, sempre borbulhando e expelindo lava. Ele ficou muito preocupado com a segurança de Trish, e a carta dela o tranquilizou e o deixou radiante.

Carta para Trish

Oi, Trish,
Como vai? Você já andou de barco pelo lago Atitlán? Você não tem medo de morar perto do vulcão San Pedro?
Adios [sic],
Toby

Resposta de Trish

Oi, Toby
Eu vou muito bem. Obrigada por me deixar participar do seu projeto. O meu marido e eu muitas vezes viajamos de barco pelo lago. Geralmente embarcamos numa cidade chamada Tzununa, onde há uma bela cachoeira. Não se preocupe com o vulcão. Ele não é ativo, felizmente.
Trish

AMÉRICA DO SUL

Argentina

Patricia foi o nosso primeiro contato na América do Sul; ficamos emocionados ao receber a carta dela! Eu, Sabine, já estive na Argentina, então também tínhamos umas fotos para rever enquanto pesquisávamos.

Carta para Patricia

Oi, Patricia,

Como vai? Vimos umas fotos da Argentina — por que as casas de La Boca são de uma porção de cores? Você já esteve nas cataratas do Iguaçu?

Tchau,
Toby

Resposta de Patricia

Oi Toby,

Como vai? Estou muito feliz porque a sua carta finalmente chegou.

Em moro na cidade de Buenos Aires, a capital da Argentina. Você perguntou sobre La Boca; bom, há muito o que dizer sobre La Boca.

Não existe outro bairro na minha cidade com cores tão vibrantes. O estádio do clube de futebol que tem o mesmo nome — e é a paixão de muitos argentinos — fica a alguns quarteirões do rio (Riachuelo). La Boca nasceu como resultado do influxo de imigrantes de várias origens que chegaram por mar ao porto de Buenos Aires.

Uma das suas ruas míticas é Caminito [caminhozinho], uma rua sem saída com cara de tango. Quem deu esse nome a ela foi um pintor muito famoso, chamado Benito Quinquela Martín. As obras desse artista são famosas porque mostram trabalhadores de La Boca no começo do século XX.

Ainda não fui às cataratas do Iguaçu. A minha cunhada foi no mês passado e disse que é uma maravilha. O nome "Iguaçu" deriva de palavras em guarani ou tupi: *y* significa "água" e *uasu* significa "grande". Você sabia que as cataratas do Iguaçu são uma das Sete Maravilhas da Natureza?

Eu estive na Inglaterra muito tempo atrás, mas não fui à sua cidade...

Obrigada pela sua linda carta. Se quiser saber mais sobre a Argentina, é só me dizer.

Com carinho,

Patricia

Brasil

Temos de pedir desculpas a Luna, porque, pelo que sabemos, foi o único contato de que nos esquecemos! Às vezes, é meio difícil lembrar os nossos destinatários, e Luna nos escreveu numa época em que tínhamos uma porção de destinatários no Brasil. Encontramos o endereço dela meses depois e lhe mandamos um e-mail pedindo desculpas. Felizmente, ela ainda estava contente em se corresponder com Toby! Pesquisar a carta de Luna foi uma coisa que nos fez dançar pela sala ao som de Adoniran Barbosa, e adoramos a ideia de ter festas de fruta o ano inteiro!

Carta para Luna

Querida Luna,
Como vai? Você se chama Luna por causa da Luna Lovegood? Qual é o seu lugar favorito em São Paulo? Qual é a sua profissão? O que é a Festa do Figo? Você já foi? Você escuta Adoniran Barbosa? Eu gosto dele.
Tchau,
Toby

Resposta de Luna

Oi, Toby!
Como vai? Estou muito feliz de ser uma das muitas pessoas do mundo inteiro que se correspondem com você!
Eu não me chamo Luna por causa da Luna Lovegood. Nasci alguns anos antes de serem escritos os livros da série *Harry Potter*. Comecei a ler o primeiro livro quando tinha dez anos de idade e já estava na faculdade quando foi lançado o último! Luna não é um nome muito comum no Brasil — significa "lua" em espanhol e italiano.
Acho que o meu lugar favorito em São Paulo é o parque Ibirapuera. Você já viu fotos desse parque? Ele é muito grande e fica bem no meio da cidade, mais ou menos como o Central Park, em Nova York. Ibirapuera significa alguma coisa como "árvore caída" em tupi, a língua que os nativos falavam antes da chegada dos portugueses ao Brasil. Existem muitos lugares com nomes tupis, mas as pessoas em geral não sabem o que significam.
Sou farmacêutica e trabalho com cosméticos. Produzo protetores solares e fórmulas de maquiagem. Gosto do que faço, porque é muito dinâmico e, além disso, ainda me per-

mite viajar para uma porção de conferências e feiras — e eu adoro viajar! Colei um mapa na parede da cabeceira da minha cama e marco lá todos os lugares que visitei. Também coleciono postais de lugares em que estive e sempre peço para os amigos que vão viajar que me mandem postais de onde quer que estiverem.

A Festa do Figo faz parte do "Circuito das Frutas", que é formado por dez cidades, cada uma delas famosa por produzir determinada fruta. Valinhos é a cidade do figo! Assim, em janeiro, temos a Festa do Figo, na qual podemos comprar todo tipo de coisa feita com figo, como geleias, sucos, compotas. A festa ainda inclui música, brincadeiras para as crianças e vários tipos de comida. Nas outras cidades, há a Festa da Uva, a Festa da Goiaba, a Festa do Morango e assim por diante. Festas de fruta o ano inteiro! Eu fui à Festa do Figo e à Festa da Uva algumas vezes, mas este ano perdi as duas. Se eu for no próximo ano, vou lhe mandar uma foto!

Fico contente em saber que você gosta de Adoniran Barbosa. Ele foi um grande cantor e compositor. Todo mundo aqui no Brasil sabe cantar pelo menos uma canção dele. Com certeza você vai gostar também dos Demônios da Garoa, um grupo de samba que gravou muitas canções de Adoniran Barbosa. Acho que "Trem das onze" é a mais famosa.

Espero que um dia você tenha a oportunidade de vir ao Brasil!

Do Brasil, com carinho,

Luna ☺

Chile

Muitas pessoas nos disseram que as cartas de Toby as encorajaram a sair de casa para conhecer uma parte do próprio país ou da própria cidade onde nunca haviam estado, e Toby adora pensar que o projeto dele pode estar ajudando outras pessoas a sair de casa com a mesma finalidade.

Carta para Patricia

Querida Patricia,
Como vai? Você viu o esqueleto da baleia-azul no Museu de História Natural? Você poderia, por favor, nos mandar uma receita do Chile? Você costuma esquiar? Tem medo de terremoto?
Tchau,
Toby

Resposta de Patricia

Querido Toby,
Em primeiro lugar, quero pedir desculpas por ter demorado tanto para responder.
Graças a você, fui ao Museu de História Natural pela primeira vez!! E vi a baleia que você mencionou!!
Eu nunca esquiei, porque moro na cidade, mas prometo lhe mandar umas fotos assim que eu for esquiar.
Quanto a terremotos, não tenho medo, mas os respeito muito.
Gostaria de continuar escrevendo para você e, na próxima carta, talvez lhe ensine algumas palavras chilenas!!
Quero saber de que tipo de música, esporte ou programa de TV você gosta. Você tem irmãos? Seja bonzinho e ajude os seus pais o máximo possível.
Espero que você consiga responder logo. Tchau!!
Patricia

Peru

Somos especialmente gratos àqueles primeiros contatos de Toby que se deram o trabalho de responder mais do que ele perguntou — no começo, ele demorava um tempão para escrever duas ou três perguntas! Percy respondeu atenciosamente a tudo que ele questionou e lhe mandou uma porção de fotos e informações adicionais. Toby muitas vezes quer saber sobre terremotos, em parte porque nunca passou por esse tipo de experiência e em parte porque se interessa em saber como acontecem. O projeto nos fez pesquisar placas tectônicas e descobrir por que alguns lugares sofrem mais terremotos que outros.

Carta para Percy

Oi, Percy,
Como vai? Você estava aí no terremoto de 2005? Você já nadou com golfinhos? Qual é a sua profissão?
Tchau,
Toby

Resposta de Percy

Oi, Toby!
Quero lhe dar os meus mais sinceros parabéns pelo seu projeto. Obrigado por me incluir e me deixar fazer parte dele.

Quanto à sua pergunta, em 25 de setembro de 2005 ocorreu no Peru um terremoto de magnitude 7,5 na escala Richter. Felizmente eu estava em Piura, a 476 quilômetros de distância. Lembro que eu estava no terceiro andar, digitando no computador, quando, por volta das nove da noite, senti um ligeiro tremor, mas nada que me preocupasse. Na minha área, o terremoto teve intensidade 3, com tremor fraco e nenhum dano material. No dia seguinte, vimos na TV imagens das cidades mais afetadas e a notícia de que cerca de 39 mil pessoas ficaram desabrigadas em sete regiões do Peru. O terremoto foi sentido também no Brasil, no Equador e na Colômbia. Estou anexando alguns gráficos para lhe fornecer mais informações.

Quanto aos golfinhos, devo dizer que só vi alguns nadando em mar aberto. Li que aqui no Peru há dois golfinhos em cativeiro. Eles chegaram ao país em 1997, com cinco e nove anos de idade, mas agora o lugar onde se encontram está fechado ao público, não sei por quê. Dizem que os golfinhos estão bem e comem 25 quilos de peixe por dia. Li que é possível nadar com eles, aprender a se comunicar com eles por meio de sinais e também dar comida para eles. Seria bom tentar fazer isso um dia.

Eu sou engenheiro industrial. A minha profissão me permite atuar em vários campos, como administração, segurança, design e otimização de recursos. É uma fonte de conhecimentos gerais. Posso trabalhar em hospitais, supermercados, aeroportos, hotéis, armazéns, fábricas etc. Atualmente, trabalho com logística para uma companhia de petróleo. A minha função é estabelecer contato com várias empresas para que me forneçam determinado produto ou serviço de que precisamos, e cada uma delas me envia um preço. A partir de um desses preços, faço uma estimativa. O mesmo preço é publicado na internet para a empresa competir, em nível nacional ou internacional, pela oportunidade de fechar conosco um contrato de venda ou serviço.

Você sabia que pode aprender um pouco da nossa cultura no Reino Unido? O Peru tem uma cultura gastronômica muito rica, que está se tornando conhecida em diversas partes do mundo. Você pode ir ao Tito's Peruvian Restaurant, ao Coya Restaurant ou ao Lima. Este último fica perto de uma rua de Londres que tem o meu nome. Legal! ☺

Desejo-lhe sorte no seu projeto, Toby. Dê um oi para a sua mãe!

Percy

Uruguai

Maria é artista e trabalha com vidro, mas também é formada em biologia e, assim, pôde nos falar sobre os fósseis do Uruguai. Toby não se cansa de perguntar a respeito de fósseis!

Carta para Maria

Querida Maria,
Como vai? Você ainda é bióloga? Você sabe alguma coisa sobre os fósseis do Uruguai? O que você faz com vidro? Você vai ao Carnaval?
Tchau,
Toby

Resposta de Maria

Querido Toby,
Como vai? Fiquei muito feliz com a sua carta; achei a sua letra muito bonita! Sabe que um grande amigo meu morou em Sheffield? Que coincidência!
Sim, eu sou bióloga e trabalho num laboratório. Em 2001, foram encontrados fósseis no Uruguai! Eles têm 250 milhões de anos e são de um grupo chamado *Pelycosauria*, que é muito, muito raro e só foi encontrado na Rússia (antes disso).
Também sou artista. Trabalho com vidro. Tenho um forno, onde ponho o vidro para derreter a altas temperaturas — assim eu posso lhe dar a forma que quiser —, e também escrevo mensagens no vidro para as pessoas lerem.
Espero que você tenha um monte de bons amigos e goste de brincar muito. Eu também gosto! Principalmente ao ar livre! Mando-lhe um grande abraço do Uruguai!
Beijos,
Maria

ÁFRICA

Argélia

Conhecemos Cari e a família dela via Facebook, e Cari nos disse que sua filha, Aishah, de nove anos, gostaria de ser a correspondente de Toby na Argélia. Toby achou incrível que Aishah estivesse aprendendo três línguas (árabe, francês e inglês).

Carta para Cari e Família

Queridos,
Como vão? Vocês já estiveram nas ruínas de Djémila?*
Já viram um feneco [espécie de raposa]?
O que vocês comem?
Tchau,
Toby

Resposta de Cari

Querido Toby,
Nós moramos em Sétif, Argélia. A nossa cidade recebeu dos romanos o nome de Setifis e o manteve quase igual. Temos cinco filhos: Aishah (nove anos), Abdullah (seis), Zoulaikha (quatro), Khadidja (dois) e Youcef (um).

Aishah é a sua correspondente. Estou escrevendo por ela, porque ela fala árabe, francês e inglês, mas só agora está aprendendo a escrever em inglês. Aishah diz o seguinte: Nós vimos os fenecos no zoológico. Eles são muito bonitinhos, têm olhos pretos e pelo dourado. Eles moram no deserto do Saara, que fica a umas três horas daqui.

Nós estivemos em Djémila. É muito legal. A gente ainda pode andar pela cidade. A biblioteca e as casas são muito pequenas. A prisão é do tamanho de um armário, e a maior parte dela fica embaixo da terra. Que horror!

Nós costumamos comer cozidos com um grão chamado cuscuz. Também gostamos de bolo e biscoito de nozes, mel e açúcar de confeiteiro.

---

* Patrimônio da Humanidade desde 1982, Djémila abriga o maior número de ruínas romanas do norte da África. (N. T.)

As crianças daqui são como as outras, acho eu. Eu faço parte da equipe de natação e adoro brincar com os amigos ☺
Aishah Mokrani (nove anos)

Benin

A carta de Simon e Benjamin chegou junto com um cartão que dizia: "A casa de um amigo nunca é distante"; parecia a frase perfeita para resumir o projeto de Toby. E ele ainda descobriu que as crianças do mundo inteiro adoram colecionar fósseis!

Carta para Simon e Benjamin

Oi, Simon, oi, Benjy,
Como vão? Vocês vão para a escola? O que vocês comem? Como é a vida no Benin? Vocês falam fon?
Tchau,
Toby

Resposta de Simon e Benjamin

Querido Toby,
A escola é legal, porque o paizinho [professor] dá aula em francês.
Nós comemos inhame amassado. Muita gente daqui trabalha na roça. Planta milho e algodão.
No Benin existem mais de cinquenta línguas. Onde nós moramos, o pessoal fala monkole, e nós falamos um pouco. Nós gostamos da nossa casa. O Simon também está interessado em fósseis e quer ver se encontra algum por aqui.
Tchau,
Simon e Benjamin

Burkina Fasso

Stephanie nos mandou uma carta repleta de informações e escrita num estilo que nos deu a sensação de estarmos com ela no Burkina Fasso! Na Inglaterra, dizemos "Oi, como vai?" e brincamos que nunca se deve responder "Na verdade, não vou muito bem", e os cumprimentos que Stephanie menciona na carta nos pareceram muito complicados — mas não queremos entender mal e ofender alguém! Toby ficou contente de saber que servem uma refeição na escola diariamente.

Carta para Stephanie

Querida Stephanie,

Como vai? O que você faz no Burkina Fasso? Por que você é voluntária? As crianças vão para a escola? O que você come?

Tchau,
Toby

Resposta de Stephanie

Olá, Toby,

Que bom receber uma carta sua! O seu projeto parece muito interessante e bacana. Muito obrigada por me deixar fazer parte dele! O Burkina Fasso é um país do qual pouquíssima gente ouviu falar — portanto, é um prazer para mim lhe contar algumas coisas sobre ele.

O Burkina Fasso é um país pequeno e muito pobre — e muito, muito quente — situado na África Ocidental. A maior parte dele se resume a deserto e areia, mas eu moro no sul, onde há algumas árvores, o que é ótimo.

Eu trabalho em projetos de saúde pública, o que significa que procuro evitar que as pessoas adoeçam e ajudar as que já adoeceram. Acabar com uma doença chamada malária é uma das minhas principais tarefas. Você já ouviu falar em malária? Ela não existe mais no Reino Unido nem na Europa, mas, infelizmente, tem sido responsável por muitas mortes em países como o Burkina Fasso e em grande parte da África e da Ásia.

A malária é espalhada por mosquitos, mas parece que aqui as pessoas não entendem isso muito bem. Na minha aldeia, por exemplo, onde falamos o idioma dagara, a palavra usada para malária significa literalmente "doença do frio". Meu trabalho, então, consiste em esclarecer as pessoas sobre questões de saúde para que elas se mantenham fortes e sadias.

Só algumas crianças vão para a escola aqui, porque a maioria das famílias não tem dinheiro suficiente para pagar a pequena taxa de matrícula. Nas famílias que podem pagar, geralmente são os meninos que vão para a escola, enquanto as meninas ficam em casa, ocupadas com afazeres domésticos. Na minha aldeia há só uma escola primária, de modo que as crianças que conseguem frequentá-la não estudam por muito tempo. A escola com ensino fundamental mais próxima fica a uns quinze quilômetros de distância, e a que oferece ensino médio fica a 25 quilômetros. É assim na maioria das regiões, e é por isso que, infelizmente, pouquíssima gente do Burkina Fasso sabe ler e escrever. Apenas 27% da população!

Em geral, eu trabalho na escola e gosto disso. Agora mesmo comecei a plantar uma horta lá, assim podemos servir almoço aos alunos, e eles não têm de ficar o dia inteiro sem comer. Antes da horta, a maioria das crianças só comia depois que chegava em casa, à noite — se bem que, algumas vezes, vi os meninos caçarem lagartos e passarinhos com estilingue para cozinhá-los para o almoço. Espero que o fato de receberem uma refeição nutritiva ajude as crianças a permanecer na escola; não imagino como elas possam se concentrar com a barriga vazia.

A maioria das pessoas, no Burkina Fasso, come diariamente uma coisa chamada *tô*. É uma comida feita só com fubá, que é cozido até adquirir uma consistência parecida com a de gelatina. A gente pega um punhado dessa gelatina (aqui só se come com as mãos) e mergulha num molho, que varia de acordo com a estação do ano. Infelizmente o *tô* não tem muitas vitaminas, e muitas vezes as famílias não podem se dar o luxo de fazer um molho para acompanhá-lo — é por isso que existem tantos burquinenses desnutridos.

Apesar de ser muito, muito pobre, o povo do Burkina Fasso é extremamente simpático e hospitaleiro. Poucos estrangeiros visitam o país, de modo que, na maioria dos lugares a que vou, ninguém nunca viu uma pessoa branca, mas sempre sou recebida de braços abertos. É muito importante cumprimentar as pessoas, e os cumprimentos são longos. Nunca se diz apenas "olá", e, para não cometer o que é considerado uma grosseria, deve-se perguntar muitas coisas, como: "Dormiu bem? Como vai a família? Como vai o trabalho? Como vai a saúde? E a saúde das crianças? Está tudo em paz?". É meio cansativo, às vezes. Há-há.

Aqui, não existem aqueles bichos bacanas que lhe vêm à mente quando você pensa na África. O que predomina são animais de criação, como jumentos, cabras, ovelhas, frangos e porcos. Há alguns elefantes no leste, mas ainda não vi nenhum. O meu bicho de estimação, que acabei de ganhar, é um cabritinho. Estou contentíssima com ele. Ter animais de criação é uma forma de ostentar riqueza, e, como eu não tinha nenhum, o chefe da minha aldeia me deu o cabritinho, para eu não perder o respeito da comunidade. Foi um belo gesto.

Os burquinenses são muito tradicionais e realizam muitos sacrifícios e rituais esquisitos que eu ainda não entendo. Nos enterros, por exemplo, eles põem o morto sentado num campo aberto, dançam em volta dele e depois jogam-lhe dinheiro. A primeira vez que fui a um enterro, fiquei chocada e tive muito medo, mas agora já fui a tantos que acho tudo isso normal!

Faz mais de um ano que estou trabalhando no Burkina Fasso e me sinto afortunada por ter tido essa oportunidade! Embora seja difícil, às vezes. Eu me acostumei a viver sem eletricidade, sem água encanada e sem bebidas geladas, entre outras coisas. Posso dizer, com toda a honestidade, que sou muito feliz aqui, longe do conforto que tinha em casa.

Espero que esta carta tenha ajudado você a conhecer um pouco do Burkina Fasso — se quiser saber mais coisas, pergunte, por favor! Boa sorte com o seu projeto, e não perca a curiosidade — é admirável!

Felicidades,
Stephanie

Chade

Esta carta continha uma das surpresas mais agradáveis. Lorna não só respondeu a todas as perguntas de Toby como nos contou que tinham dado o nome dele a um elefante. Toby achou fantástico!

Carta para Lorna e Rhian

Oi, Lorna, oi, Rhian,
Como vão? Para que vocês usam o avião no parque? Onde vocês conseguem comida? O que um patrulheiro faz?
Tchau,
Toby

Resposta de Rhian e Lorna

Querido Toby,
Muito obrigado por sua carta. E parabéns por seu grande projeto. É uma ótima ideia.
A foto acima é de uns elefantes que muitas vezes vêm tomar água na nossa casa. Até bebem água da mangueira quando a abrimos e a seguramos para eles! O menorzinho, no centro, recebeu o nome de Toby em homenagem a você.
Usamos o avião no parque para detectar caça ou pesca ilegal. Num parque em que os animais são protegidos, temos de impedir que pessoas malvadas venham matá-los — no caso dos elefantes, por causa das presas, que são de marfim; no caso de outros animais, por causa da carne ou da pele. O nosso trabalho, como preservacionistas, é impedir a matança de animais selvagens. Por isso o avião sobrevoa a borda do parque, os elefantes e os outros animais — sempre procurando sinais de gente ruim.
Também usamos o avião para abastecer lugares do parque em que não é possível entrar de carro. Existem na mata onze pistas pequenas. Aqui vai uma foto do avião numa dessas pistas com alguns patrulheiros. Trata-se de um Cessna 180 — excelente para pousar em pistas curtas e irregulares —, conhecido como um bom "avião da mata" — pousa

até onde não há pista nenhuma! Tem rodas grandes, o que ajuda a pousar em terrenos acidentados. O administrador do parque Zakouma pilota esse avião.

Os patrulheiros, como os dessa foto, são as pessoas que vigiam o parque, sempre à cata de pescadores e caçadores ilegais ou sinais de alguma atividade proibida. Eles patrulham o parque a pé, a cavalo, de bicicleta e de moto. Cada equipe, formada por seis homens, passa sete dias na mata, percorrendo longas distâncias diariamente. Os patrulheiros são muito importantes, e sem eles não podemos proteger a vida selvagem.

Compramos comida em dois lugares — em Am Timan, uma cidadezinha situada a cerca de uma hora e meia de carro da nossa casa. Como não há muitas lojas por lá, também compramos comida em N'Djamena, a capital do Chade. Não é uma cidade muito grande e não tem tudo de que precisamos. Mas conseguimos comprar o suficiente para comer bem. Dizem que atualmente N'Djamena é a cidade mais cara do mundo! Imagine! Comemos o básico: muito arroz, legumes, verduras e frutas. O Chade produz mangas e melancias deliciosas, que comemos em grande quantidade. Fazemos compras só umas duas ou três vezes por mês, assim precisamos guardar um monte de comida no freezer e na despensa.

Espero que com isso eu tenha respondido às suas perguntas, Toby, e que você goste das fotos. Termino esta carta com uma foto do meu marido, o administrador do parque, dando água para um elefante na nossa casa! Faz mais de trinta anos que moramos na mata africana e nunca tínhamos visto elefantes selvagens fazerem isso! É especial, não é?

Com muito carinho,
Rhian e Lorna

Libéria

Toby ficou impressionado com o tom formal da carta de Francis. Ele trabalha para o governo liberiano, e foi por isso que Toby perguntou a respeito da presidente. É difícil entender que são gente de verdade!

Carta para Francis

Querido Francis,
Como vai? Você conhece a presidente Sirleaf? O que você come? Você já esteve na mata virgem?
Tchau,
Toby

Resposta de Francis

Respostas às Questões
Meu caríssimo Toby Little:
Eu vou bem. Agradeço a Deus por minha saúde e espero que você também esteja bem de saúde.

Antes de responder a suas perguntas, quero parabenizá-lo por uma iniciativa tão interessante e felicitar sua mãe por ajudá-lo a realizar seu sonho.

Pergunta #1: Você conhece a presidente Sirleaf?
Sim, mas não pessoalmente. Eu conheci a presidente Ellen Johnson Sirleaf em 2008, no lançamento do Comitê Diretor do Desenvolvimento do Condado em Bopolu, capital do condado de Gbarpolu. Como presidente da Associação de Estudantes Universitários de Gbarpolu da Universidade Metodista Episcopal Africana (UMEA), conduzi um grupo de estudantes ao lançamento do Comitê Diretor do Desenvolvimento do Condado em Bopolu, capital do condado de Gbarpolu, onde solicitamos à presidente, através de uma petição, que fizesse do desenvolvimento humano uma questão prioritária entre muitas questões de desenvolvimento no condado.

Não obstante, respondendo à sua pergunta, posso reafirmar, com segurança, que sim, conheço a presidente Sirleaf, porém meu contato com ela ocorreu num evento oficial, e não numa interação pessoal.

Pergunta #2: O que você come?
Na Libéria, consome-se mais arroz que qualquer outro alimento. Na verdade, come-se arroz pelo menos duas vezes ao dia. Considera-se o arroz estrangeiro, ou *posava* (como é chamado aqui), muito melhor que o cultivado localmente, por causa das pedras que se misturam com o arroz local durante a colheita. O azeite de dendê ou uma *palm butter* (sopa feita à base do fruto do dendezeiro) geralmente acompanha a refeição, e o vinho também é feito de dendê [o fruto]. As folhas de mandioca e de batata são cozidas e consumidas como espinafre. A cana-de-açúcar fornece açúcar refinado ou, cortada a casca dura, um suco doce, tomado diretamente da cana, comprada na feira. O *fufu* (uma massa que acompanha a maioria dos pratos) pode ser feito com arroz fermentado, banana-da-terra, mandioca, milho ou inhame. O ingrediente amidoado é posto para secar, triturado, cozido e modelado em formas ovais de cinco centímetros. A mandioca é o segundo alimento básico, depois do arroz. É usada para fazer *fufu*; para o *dumboy*, uma variação do *fufu*, cozinha-se a mandioca antes de amassá-la. O *fufu* é engolido, e não mastigado. Em geral, acompanha-o uma sopa picante.

Esses são apenas alguns pratos. Quanto à sua pergunta, eu como arroz todos os dias, às vezes com *fufu*. Pertenço à etnia belle, do oeste da Libéria; todos os grupos étnicos dessa região estão mais habituados a comer apenas arroz que os de outras regiões, que sempre comem *fufu* com arroz.

Pergunta #3: Você já esteve na mata virgem?
Não, Toby Little, nunca estive na mata virgem, mas já fui à floresta. Quando eu tinha menos de doze anos, meus irmãos

mais velhos muitas vezes me levaram à floresta, no condado de Gbarpolu, no oeste da Libéria, para caçar e plantar.

Espero que essas respostas produzam algum impacto em seu projeto.
Saudações,
Atenciosamente,
Francis
Contato da Libéria para o projeto "Writing to the World" do menino Little

Líbia

Hassan teve muito trabalho para responder às perguntas de Toby: mandou um mapa, um marcador com bandeira, alguns selos e um monte de fotos. Adoraríamos ir ver a arte rupestre no deserto do Saara!*

* Em Tadrart Acacus, maciço rochoso no deserto do Saara, no oeste da Líbia, com pinturas e gravuras rupestres; Patrimônio Mundial desde 1985. (N. T.)

Carta para Hassan

Oi, Hassan,
Como vai? Você já viu a arte rupestre do deserto do Saara? O que vocês comem na Líbia?
Tchau,
Toby

Resposta de Hassan

Para o meu amigo Toby,
Eu vou muito bem, obrigado. Fiquei muito contente de receber a sua carta. Você tem uma letra muito bonita. Espero que um dia a minha também fique tão bonita. Tenho dezenove anos e quero ser jornalista. Por isso, agradeço-lhe a oportunidade de praticar meus dotes de escritor ☺
Sou de uma cidade chamada Towcara, no leste do país. No mapa que lhe mandei, você pode ver onde fica. Ela é linda e famosa por conservar edifícios muito antigos. Eles foram construídos há muito tempo.
Quanto à sua pergunta, sim, eu já vi a arte rupestre no deserto do Saara. E é fantástica.
Outros lugares dos quais você talvez tenha ouvido falar são os grandes lagos Ubari. Esses lagos incríveis ficam no deserto Ubari. São quatro. Um deles, chamado Qabar Ouu, é tão salgado que faz a gente boiar mesmo sem se mexer. É muito divertido. O deserto é muito bacana. É bem grande, e à noite não se vê nada, a não ser as estrelas e a lua. Agora, eu adoro animais, e um animal que também é conhecido como o "navio do deserto" é o camelo. Você sabia que as pessoas que conduzem os camelos têm de atravessar o deserto? Às vezes, elas passam três meses sem ver ninguém.

Quanto à comida, bom, nós, líbios, adoramos comer ☺ Um dos meus pratos favoritos é *aseeda*.* É bem parecido com mingau, só que um pouquinho mais grosso. E o melhor de tudo é que se deve comê-lo com a mão. É muito divertido. Também temos *bazeen*,** *roshda*,*** cuscuz e *osban*.****

Estou lhe mandando algumas fotos de tudo que mencionei com breves anotações no verso.

Espero que você goste do seu marcador com a bandeira da Líbia e espero que um dia você venha nos visitar; então, podemos levá-lo para conhecer todas as grandes coisas que existem na Líbia.

Espero ter respondido às suas perguntas sobre a Líbia. Foi muito legal receber sua carta. Obrigado por me escrever.

Seu novo amigo líbio,

Hassan

---

* Espécie de pudim de farinha de trigo, servido com mel ou xarope de tâmara e manteiga derretida ou azeite de oliva. (N. T.)

** Massa cozida, feita com farinhas de cevada e de trigo, modelada em forma de bolinhos e servida com carne (geralmente de cordeiro), molho de tomate, ovo cozido, batata e, eventualmente, abóbora. (N. T.)

*** Espécie de macarrão fresco bem fino, cozido no vapor e servido com molho de cebola e grão-de-bico, carne (preferencialmente de cordeiro), batata e abóbora. (N. T.)

**** Espécie de linguiça feita com ervas frescas, arroz, carne e fígado. (N. T.)

Madagáscar

Madagáscar é um dos países favoritos de Toby, e ele está louco para ir conhecê-lo. A carta de Guno chegou por um caminho meio complicado, através de Sarah, que trabalha na aldeia dele e possibilitou o envio. A carta foi encaminhada primeiro para a mãe de Sarah, que a mandou para nós, junto com uma carta dela mesma. Toby ficou fascinado ao saber que o nome de Guno tem diferentes grafias porque o pessoal da aldeia dele geralmente não escreve nada!

Carta para Guno

Oi, Guno,
Como vai? Você ainda vai para a escola ou trabalha? Que animais selvagens vivem perto de você? O que você come?
Tchau,
Toby

Resposta de Guno

Oi, Toby,
Como vai? Eu me chamo Guno. Tenho dezessete anos. Moro em Manafiafy.
Eu trabalho pesando lagosta e peixe. Antes eu estudava, mas agora não sou mais estudante. Eu estudava inglês com a ONG Azafady, em Manafiafy.
Os animais que vivem perto de mim são o lêmure-cabeça, o lêmure-rato, o lêmure-lanoso-oriental e dois lêmures-anões-de-cauda-gorda. E também camaleões e cobras. Esses animais são vizinhos da minha aldeia.
Eu faço aniversário em novembro. Nasci em 1996.
Eu gosto de música. Akon e Micheal Jacson [sic] são os meus favoritos.
Muito obrigado.
Tchau,
Guno

Resposta da mãe de Sarah

Querido Toby,
Minha filha, Sarah, trabalha em Madagáscar, ensinando as mulheres a bordar peças que podem ser vendidas para ajudar no sustento da família.

Ela fez muitos amigos na aldeia. Um deles é o Guno, que toca guitarra de Manafiafy, e a Sarah toca tambor. Estou lhe mandando uma foto do Guno que imprimi de um vídeo da Sarah. Ele pediu para minha filha trazer para mim a carta endereçada a você, porque em Sainte Luce não existe agência de correio. Você pode pesquisar sobre o lugar onde o Guno mora no site e nas páginas da Azafady no Facebook e pode ver outras fotos de Sainte Luce tiradas pela Sarah no site Stitch Sainte Luce,* se bem que talvez esteja desatualizado, pois já faz mais de um ano que a Sarah mora em Madagáscar. A Sarah postou fotos em duas páginas da Azafady: na da web, uma dela mesma, para a equipe da ONG em Madagáscar; e, na de vendas, algumas dos bordados.

Eu só fiquei sabendo do seu Writing to the World quando recebi a carta do Guno, junto com a da Sarah. É um projeto muito interessante.

Por falar nisso, o nome do Guno às vezes é escrito "Juno" e, às vezes, "Guno". A maioria dos moradores da aldeia de Manafiafy não escreve nada além do próprio nome, mas o Guno frequentou a escola da aldeia e aprendeu um pouco de inglês. A Sarah diz que o nome dele é "Gino", e deve ser assim que ele o pronuncia. O Guno fala malgaxe, mas o pessoal diz "malagaxe". Ele ajuda a Sarah em casa e agora arrumou um emprego: pesar o que os pescadores trazem do mar. As lagostas são vendidas e enviadas para Antananarivo [a capital], e é por isso que têm de ser pesadas.

A Sarah adora morar em Manafiafy e vai trabalhar lá até julho do ano que vem. Às vezes ela fala comigo pelo Skype, quando está em Fort Dauphin, e conta alguma coisa do vilarejo. Na nossa próxima conversa, vou falar mais sobre o seu

---

* Criado em 2012 para promover os bordados das mulheres de pescadores de Madagáscar. (N. T.)

Writing to the World e informar que a carta do Guno foi posta no correio com a foto que ela me pediu para imprimir para você.

Espero que não ache ruim eu escrever para você; pensei que talvez você gostasse de saber mais sobre o Guno e o lugar onde ele mora e tenho certeza de que a sua mãe vai ajudar você a encontrar mais coisas na internet. Parabéns, mamãe!

Boa sorte com o seu enorme projeto,
Maggie (mãe da Sarah)

Maláui

Eimer é enfermeira no Maláui e, portanto, a pessoa perfeita para responder às perguntas de Toby sobre doenças. Ele já tinha ouvido falar em malária, mas nunca em esquistossomose. Ambas parecem horríveis, e Toby ficou contente por Eimer estar lá no Maláui para ajudar as pessoas.

Carta para Eimer

Querida Eimer,
Como vai? Quais são as doenças que as pessoas têm aí no Maláui? O que você come?
Tchau,
Toby

Resposta de Eimer

Querido Toby,
Muito obrigada pela sua carta. Foi muito bom receber uma carta com perguntas interessantes!
Eu vou muito bem, obrigada por perguntar. Aqui, por enquanto, está muito, muito quente, e logo vai chover, chover, chover, e as plantas vão crescer, e o país inteiro vai ficar muito verde e lindo!
Aqui, quando começa a chover, os moradores já se põem a plantar e a lavrar a terra. Uma das grandes plantas que eles cultivam é o que chamam de maís. É a mesma coisa que nós chamamos de milho, com a diferença de que o nosso geralmente é amarelo e o consumimos cozido na espiga, com o nome de milho verde. Você já comeu milho verde no lanche? Aqui no Maláui o maís é branco. Os malauianos o transformam numa farinha, com a qual fazem um mingau, o *phala*, que tomam no café da manhã; também fazem uma coisa chamada *nsima*, que é branca e sólida e que se come com as mãos! A gente pega um punhado de *nsima*, transforma-o numa bola, amassa essa bola com a mão e a mergulha num molho antes de comê-la. Os malauianos comem *nsima todo dia*, às vezes em duas ocasiões: no almoço e no jantar. Com isso, enchem o estômago e o mantêm cheio o dia inteiro.

Eles também gostam muito de batata — mas só frita! E gostam dela com muito, muito sal — tanto sal que chega a arder na língua. Dá uma sede danada!

Você me perguntou que doenças as pessoas têm aqui no Maláui. Muitas são as mesmas que vocês têm no Reino Unido, como dor de barriga e de cabeça, mas algumas são realmente sérias. Uma das grandes doenças é a malária. É transmitida por mosquitos, que picam as pessoas à noite.

Se a pessoa tiver sorte, só vai sentir coceira; se não, pode contrair malária e passar muito mal. Quem tem malária fica muito, muito quente — com febre alta e dor no corpo inteiro, como se estivesse gripado. Pode ter de ir para o hospital, tomar medicamento na veia, porque está doente demais para ingerir comprimidos. Os mosquitos gostam de água; por isso, muita gente pega malária na estação da chuva, quando há água por todo lado, e o hospital fica lotado. Tão lotado que alguns pacientes têm de dormir no chão, porque não há camas suficientes para todos!

Outra doença muito comum por aqui se chama esquistossomose (é um nome meio difícil de se falar!). Essa doença é transmitida por caracóis que vivem no lago. É muito comum, porque o lago é *muito, muito* grande! E porque todo mundo nada no lago, toma banho no lago, lava roupa no lago e, às vezes, até bebe água do lago. Essa doença provoca dor de barriga e deixa o xixi com uma cor engraçada!

Existe remédio para isso, mas, para muita gente que não tem muito dinheiro ou mora longe demais para ir ao médico, é difícil melhorar.

Espero que eu tenha respondido às suas perguntas e que você tenha gostado de receber uma carta do Maláui! Boa sorte com o restante do seu projeto!

Tchau,
Eimer ☺

P.S. Estou lhe mandando um presente do Maláui — um bracelete com as cores da bandeira malauiana: vermelho, preto e verde.

Suazilândia

Depois que recebemos a carta de Cathy, conversamos durante muito tempo para tentar concluir se seria bom ou ruim ser pedida em casamento pelo rei. A carta de Cathy nos mostrou que, em muitos países, há coisas que são bem parecidas com as da vida de Toby e coisas que são bem diferentes.

Carta para Cathy

Querida Cathy,
Como vai? Só o rei pode ter mais de uma mulher? Você conhece alguma moça que já fez a Reed Dance?* O que você come?
Tchau,
Toby

Resposta de Cathy

Oi, Toby,
Obrigada pela sua carta. Eu estou ótima e espero que você também esteja. A sua caligrafia é excelente — você deve estar indo bem na escola. Por favor, agradeça à sua mãe pelo postal. Tenho muito interesse em saber do seu projeto e espero que esteja indo bem. Quantos países já lhe mandaram cartas?

Nós moramos numa pequena fazenda e temos seis cachorros, três gatos, seis cavalos, nove carpas, um monte de peixinhos dourados e uma ave. A ave é um lóris-bailarino chamado Capitão Jack Sparrow (você viu o filme *Piratas do Caribe*?). Ele sabe dizer "ca'tão Jack", "olá" e "pare".

Na fazenda, temos alguns chalés para turistas do mundo inteiro se hospedarem por alguns dias e, assim, poderem desfrutar este país maravilhoso. Meu trabalho é organizar as reservas e cuidar dos hóspedes enquanto estão aqui.

---

* Festival anual que se estende por oito dias, entre agosto e setembro, criado em 1940. Em 1991, introduziu-se a dança, executada diante do rei por milhares de moças virgens, entre as quais ele escolhe uma esposa. Antes da dança, realizada no oitavo dia do festival, as jovens fazem uma colheita simbólica de bambu e a oferecem ao rei. (N. T.)

Currently, about 780 languages are spoken in India and 86 scripts are being used. In Delhi, Hindi is most commonly spoken.

This is your name in Hindi:

टोबी लिटल
(Toby) (Little)

Here are some more Hindi words and phrases:
- Namaste (Hello)
(नमस्ते)
- Dhanyavaad (Thank You)
(धन्यवाद)

- Aap kaise hain?
(आप कैसे हैं?)
(How are you?)

- Main theek hoon.
(मैं ठीक हूँ)
(I'm fine.)

9. Índia

Uma das cartas que Toby escreveu foi para Tanya, em Nova Delhi. Ela nos enviou um monte de informações, inclusive uma carta decorada com uma tradicional estampa indiana (na página seguinte).

Dear Toby,

   I hope this letter finds you in good health. I really admire your project "Writing to the World". You have done an amazing job!

   I live in New Delhi but sadly I have been to the Lotus Temple only once, and that too a long time ago! The Taj Mahal is in Agra which is 3 hours away from Delhi and I have visited it only once as well. It is very, very beautiful. Maybe one day, you can visit India and see it yourself!

Since I am in college, I have to spend most of my day running; to classes or to catch a metro train ~~and~~ home. As a result, I mostly wear jeans or an Indian costume called a salwar kameez. But I wore a sari for my cousin's wedding!

All the best for the rest of your project and take care!

Bye! -Tanya.

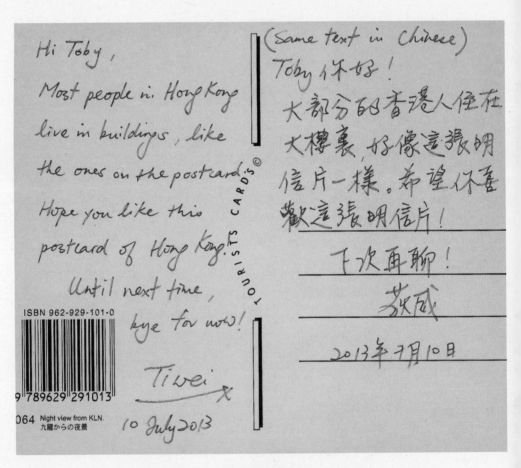

10. Hong Kong
Por causa do postal de Tiwei, Toby está fascinado com o mandarim até hoje. Ele está louco para conhecer a China e praticar o que tem aprendido!

Dearest Toby,

Thank you for your letter. How do you do? I am fine.

The Botanic Gardens is beautiful. I celebrated my birthday this year by having a picnic at the Gardens. I enjoy attending concerts and plays at the Esplanade. Every Saturday morning, I go to the beach for a jog with my sister.

School was fun and I certainly miss my schooling days. The crescent moon on our flag represents a rising young nation — we are very proud to turn 50 years old this year!

Loves,
Bing.

11. Cingapura
Essa foi uma das cartas mais bonitas que Toby recebeu — adoramos o papel aquarelado!

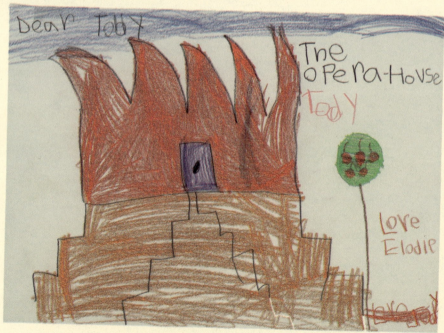

12. Austrália
Toby adorou os desenhos que todas as crianças dessa escola de Sydney fizeram do que mais gostavam na cidade e do que queriam partilhar com ele: a Ópera de Sydney, a ponte Harbour, papagaios australianos e cangurus.

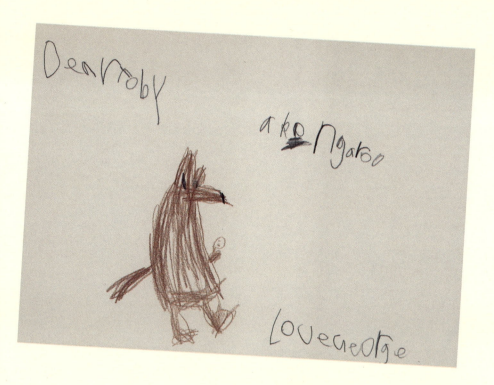

13. Nova Zelândia
O projeto começou com um livro chamado *A Letter to New Zealand*, de modo que esse país ocupa um lugar importante no nosso coração. Lá, o contato de Toby foi Eloise, de quatro anos de idade, que respondeu com o desenho de um arco-íris em explosão.

Tradicionalmente, na cultura suázi, o homem pode ter todas as mulheres que quiser e um monte de filhos. Muitos homens mais velhos têm várias esposas, porém os mais jovens estão percebendo que é muito caro alimentar, vestir e educar uma filharada, de modo que muitos deles decidem ter uma esposa só. O rei Mswati agora tem umas quinze mulheres e um grande número de filhos. Não sei o número exato, porém os mais velhos têm mais idade que algumas dessas mulheres! Acho que, neste ano, ele escolheu mais uma esposa na Reed Dance.

Não conheço nenhuma moça que tenha participado da Reed Dance ultimamente. Algumas amigas minhas participaram, quando eram jovens, e dizem que foi emocionante. Muitas famílias não querem que as filhas se apresentem na Reed Dance porque preferem que elas se concentrem no estudo e na profissão. Se uma delas é escolhida como esposa pelo rei, tem de abrir mão de tudo que planejou e se casar com ele.

A minha família come coisas muito parecidas com as que a sua família come. Temos grandes supermercados, iguais ao Sainsbury's ou ao Tesco. Neles encontramos a maior parte dos alimentos que vocês têm na Inglaterra. Os suázis comem basicamente uma espécie de angu duro, feito com farinha de maís (maís é uma variedade de milho). Servem esse angu com um molho de vegetais, como cebola, tomate e espinafre, e às vezes com carne grelhada diretamente no fogo. Também comem pão, arroz, feijão, ovo e frutas como papaia e banana; e gostam de tomar chá com muito açúcar e muito leite, mas a maioria não toma café. Aqui na fazenda, quando damos festa para os empregados no Natal, eles devoram TONELADAS de carne e frango assados na brasa (o que chamamos de *braai*, não de churrasco) com salada e maionese de repolho e cenoura e tomam LITROS de Coca-Cola e limonada com muito prazer.

Junto com esta carta, estou lhe mandando também um exemplar da *Swaziland Discovery*. Essa revista, feita para os turistas que vêm à Suazilândia, fornece algumas informações sobre o país e traz uma porção de belas fotos. Espero que você goste.

Desejo-lhe boa sorte com o seu projeto. Estou ansiosa para saber como você está indo.

Felicidades,
Cathy
Buhleni Farm, Suazilândia

Tanzânia

A carta de Jean foi uma das primeiras e despertou em Toby uma vontade de mergulhar que não passou até hoje! Ele ficou encantado com os desenhos de Jean e ouviu falar pela primeira vez sobre preservacionismo. E uma frase banal que ela escreveu — "Se algum dia você vier para a Tanzânia" — levou-o a pensar, provavelmente pela primeira vez, que um dia poderia visitar todos aqueles lugares para os quais estava escrevendo. Eles se tornaram muito mais reais e cresceram tanto e de modo tão vertiginoso que Toby chegou à conclusão de que precisava visitar quase todos os países do mundo!

Carta para Jean

Oi, Jean,
Como vai? Você sabe mergulhar? Qual foi a criatura marinha mais incrível que você já viu? Qual é a sua profissão?
Tchau,
Toby

Resposta de Jean

Querido Toby,
Muito obrigada pela sua carta! Estou muito empolgada e feliz por participar dessa maravilha que você está fazendo. Espero que você receba montes de cartas de diferentes países!
Então, vamos logo responder às perguntas. Se eu mergulho? Eu não faço mergulho autônomo, que é quando a pessoa usa um tanque de oxigênio para poder ficar muito tempo no fundo da água. Mas eu adoro mergulhar com snorkel e muitas vezes vou nadar nos recifes perto de Kilwa. As cores são lindas! Sou capaz de passar horas boiando por cima do coral e procurando espécies de peixes, estrelas-do-mar, lagostins e corais que eu ainda não conhecia.
A criatura mais esquisita que eu já vi foi uma água-viva roxa — estou mandando uma foto para completar a minha descrição. Ela parece uma bola de futebol roxa, transparente, toda cheia de grumos, com uma saia marrom-ferrugem. Parece feita de borracha ou de plástico. Eu não a vi quando estava mergulhando, e sim na água rasa, enquanto caminhava pela praia. A natureza realmente tem umas criaturas magníficas!
Alguns fatos interessantes ou não muito interessantes a meu respeito — a minha cor favorita é verde, ADORO manga, nunca tinha morado na cidade, o primeiro lugar que conhe-

ci no exterior foi a Inglaterra, adoro a natureza e espero, um dia, trabalhar como preservacionista.

No momento, o que eu faço é administrar uma pequena pousada no litoral com vista para o mangue. Também sou voluntária em pequenas ONGs preservacionistas.

Se algum dia você vier para a Tanzânia, não pode deixar de conhecer o Parque Nacional de Serengeti e a cratera de Ngorongoro. Também tem de ver o Ol Doinyo Lengai (um vulcão semiativo, sagrado para a tribo massai), comer as deliciosas frutas do litoral e passear de *dhow* (um veleiro usado no mar costeiro do leste africano).

Espero que você receba esta carta e que ela não se perca no sistema postal africano! Boa sorte com todas as cartas que você escrever!

Vou acompanhar você on-line!

Com muitos *salaams* [votos de paz] e votos de felicidades,
Jean

Togo

Stephanie leciona numa escola internacional, e os alunos dela eram um pouco mais velhos que Toby quando responderam. Adoramos as respostas, porque todos eles nos contaram alguma coisa sobre si mesmos e a vida que levavam. Isso nos fez pensar em como é difícil dizer uma única coisa sobre si mesmo!

Carta para Stephanie

Querida Stephanie,
Como vai? Você já esteve no vale Tamberma? O que você come? Como é sua escola? O que as crianças fazem no programa da comunidade?
Tchau,
Toby

Resposta de Stephanie

Queridos Toby e família,
Espero que os postais cheguem! Os meus alunos ficaram muito contentes com sua carta e querem lhe contar um pouco sobre Togo/ a nossa classe:

- Aensa — O uniforme da nossa escola é azul.
- Ted — Às vezes a gente come batata frita e hambúrguer no almoço.
- Sarah — Sempre faz calor.
- Emrys — Adoro arroz. É uma delícia.
- Jason — A nossa classe tem catorze pessoas.
- Yannis — Eu gosto de futebol.
- Ella — Eu moro na praia.
- Nathan — Eu vou para a escola de bicicleta.
- Keerthanaa Shri — O meu nome é o mais comprido da classe.
- Geraud — O pessoal me chama de J. J.
- Esoliim — Eu sei a tabuada do cinco.
- Ephraim — Eu tenho dois cachorros.
- Rohey — Eu falo francês.
- Hamza — Eu adoro chocolate.

Esperamos que você goste da nossa carta,
Stephanie & segundo ano

Uganda

Esta é uma carta que foi enviada por "correio pessoal", graças à maravilhosa Laura. Enquanto pesquisávamos sobre o orfanato e o país, Toby se deu conta de que muitas das suas perguntas pressupunham que as pessoas têm dinheiro para viajar ou pagar ingressos; diante disso, resolveu se concentrar mais na vida cotidiana, nas brincadeiras e na comida, e as respostas o ajudaram a entender um pouco mais a vida de outras crianças do mundo.

Carta para o orfanato Casa de Amor

Queridos,
Como vão? Vocês vão para a escola? Vocês têm brinquedos? O que vocês comem? Como é a casa onde moram?
Tchau,
Toby

Resposta do Orfanato

Querido Toby,
Nós vamos *kawa* ("muito bem"). E você? Ah! Obrigado pela lembrança. Gostei muito da sua foto. Você é bem bacana.

Sim, eu vou para a escola e gosto de estudar e estou na primeira série de uma escola linda, chamada Colégio Kichwamba, e o nosso lema é "SUCESSO É O NOSSO OBJETIVO", mas o problema é que eu não tenho condições de comprar tudo, como roupas, sapatos etc. E eu tenho brinquedos, mas não muitos.

Esqueci de contar que quero ser "médico" e tratar de pessoas como os seus amigos de Uganda.

Eu gosto de comer *posho*,* feijão, arroz, mandioca, farinha de painço, maís, *chapati*,** biscoito de chocolate, peixe, carne, inhame, sorgo, couve, banana, amendoim, tomate, verduras e legumes. Ah, é muita coisa. Se for *possível*, venha para cá, e vamos comer tudo isso.

Quanto às casas, são temporárias, o que significa que são cobertas de sapé lambuzado com barro. Estão em más condições, mas não há o que fazer, e eu gostaria de poder ir para a Inglaterra, mas não posso.

---

* Angu de farinha de maís (milho branco), servido com feijão, caldo de feijão, frango ou sopa. (N. T.)

** Pão ázimo redondo de farinha de trigo, água e sal, assado na chapa. (N. T.)

Adeus, toby [sic], mas Deus o mantenha com esse espírito, e adorei você. Se possível, continue escrevendo, e eu vou continuar respondendo. Obrigado, que Deus, o criador do céu e da terra, abençoe você no seu futuro.
Da CASA DE AMOR ÁFRICA
POR NINYESIGA GODFREY
Significado do nome: Confio em "DEUS".

Querido Toby,
Como vai e como vai a sua vida? Da minha parte, vou bem.
Sim! Eu vou para a escola. Estou no quinto ano.
Não, eu não tenho brinquedos e gosto de banana, batata-doce, inhame, *posho*, arroz e batata-inglesa.
Eu moro numa casa tempolária [sic].
Meu deus abençoe você. Obrigado.
Eu me chamo Magret.

ÁSIA

Afeganistão

James é militar e atualmente está no Afeganistão — ele foi a terceira tentativa de Toby para escrever para esse país. A primeira foi para uma escola em Cabul; a segunda, para um soldado americano que estava lá. Não sabemos o que aconteceu com a primeira carta, mas a segunda voltou como "impossível de entregar". A carta de James ajudou a lançar um pouco de luz sobre a situação do Afeganistão, numa linguagem compreensível para um menino.

Carta para James

Querido James,
Como vai? O que você faz nas horas vagas? Você conversa com os moradores? As crianças jogam futebol nas aldeias? O que você está fazendo no Afeganistão? O que você come?
Tchau,
Toby

Resposta de James

Oi, Toby,
Como vai? Eu vou muito bem, obrigado. Faz quase três meses que estou no Afeganistão. Sou oficial do exército e atualmente tenho 24 soldados sob a minha responsabilidade. Estamos baseados em Cabul, a capital. O nosso trabalho consiste em ajudar o governo a cuidar do povo do Afeganistão, enquanto constrói coisas como hospitais e escolas.

Nas duas outras vezes, estive numa província (algo parecido com um condado) chamada Helmand. A população de lá é muito pobre. Mora em conjuntos de casebres de barro. Lá havia um pessoal muito ruim que tivemos de combater. O povo de Helmand fala uma língua chamada pushtu, que também se fala no sul do Afeganistão e em algumas partes do Paquistão. Aqui em Cabul, a maioria fala dari. É parecido com farsi, que é o idioma do Irã.

As crianças jogam futebol, mas o esporte favorito delas é críquete. Até conseguiram ir à Copa do Mundo de Críquete este ano!

É uma sorte para mim dividir o acampamento com militares americanos, porque ganhamos um monte de comida gostosa. Nas outras vezes em que estive aqui, comi com os moradores. Eles geralmente comem arroz e pão com frango ou hortaliças.

Estou muito impressionado com o seu projeto. É muito inspirador, e fico feliz de ajudar com um país.

James

Bangladesh

A carta de Sifat foi uma das primeiras. Toby adoraria ir a Bangladesh e ver os tigres, mas também adoramos a maneira como Sifat explicou o trabalho de um cirurgião pediátrico para um menino que tinha (então) cinco anos de idade: "Eu conserto crianças doentes".

Carta para Sifat

Oi, Sifat,
Como vai?
Você já viu um tigre-de-bengala? Como é a comida em Bangladesh?
Tchau,
Toby

Resposta de Sifat

Querido Toby,
Oi, garoto esperto, como vai? Eu vou bem. Dê lembranças minhas à sua mãe e à sua família.
Você já sabe como eu me chamo e o que eu faço. Vou explicar um pouco mais. Eu me chamo Sifat. Sou médico. Moro sozinho numa cidade pequena. ☹ A minha família mora numa cidade grande. Trabalho num hospital e sou cirurgião pediátrico. Eu conserto crianças doentes.
O nosso povo é muito simples e adoece porque às vezes ignora hábitos saudáveis. Doenças comuns, aqui em Bangladesh, são diarreia (intoxicação alimentar), tuberculose e algumas enfermidades tropicais. Você sabe quais são os hábitos saudáveis?
No sul de Bangladesh, há uma floresta chamada Sundarban. É muito bonita. É onde moram os tigres-de-bengala. O tigre-de-bengala é grande, feroz e muito forte. Também é lindo e elegante. Eu só vi alguns no zoológico. Mas quero visitar a floresta e ver um tigre no seu habitat natural, que é a Sundarban. Também há cervos, crocodilos e muitas aves.
Aqui em Bangladesh há muita comida deliciosa. Geralmente comemos arroz, sopa de lentilha e diferentes curries

de legumes. Comemos três vezes por dia. No café da manhã, em geral comemos *chapati* (pão chato), ovo e curry de legumes e tomamos chá, é claro; no almoço e no jantar, comemos arroz. Bangladesh é um país com muitos rios. Portanto, temos muito peixe por aqui. Adoramos peixe. Você gosta de peixe, meu caro?

Querido Toby, estou muito feliz por escrever para você. E sempre imagino como você é. Portanto, na próxima vez, mande-me uma foto sua, e eu lhe mandarei uma minha e algumas outras fotos que lhe darão uma ideia de como é Bangladesh.

Agora somos amigos; portanto, escreva logo. Estou esperando sua carta.

Seja sempre um bom menino, escute seus pais e seja bondoso e gentil com seus amigos.

Com carinho,
Sifat
Faridpur

Brunei

Às vezes, depois que pesquisamos um país, Toby faz uma série de perguntas desconexas. Um ótimo exemplo disso é a carta para Clare. A uma pergunta sobre religião segue-se, imediatamente: "Você já comeu alguma coisa embrulhada numa folha?". E, naturalmente, ele quer ver "o prédio com uma chaleira em cima"!

Carta para Clare

Querida Clare,
Como vai? Você cobre o cabelo? Existem muitos muçulmanos no Brunei? Você já comeu alguma coisa embrulhada numa folha? E pode comer a folha? Você já viu o sultão? Que prédio é aquele com uma chaleira em cima?
Tchau,
Toby

Resposta de Clare

Querido Toby,
Espero que você esteja bem. Esse projeto que você começou é incrível! Espero que esta carta do Brunei tire mais um país da sua lista. Eu moro aqui há oito anos, mas morava em Surrey [condado inglês]!

Estamos muito empolgados agora no Brunei porque vão acontecer as festividades do Hari Raya,* que é quando a lua aparece. O clima é o mesmo do Natal — a cidade fica cheia de luzes festivas e as lojas fazem um monte de liquidações!

A população do Brunei é de apenas 450 mil pessoas, e a maioria é muçulmana, mas há muitos chineses e expatriados que moram aqui — e todos nós os convidamos para participar das comemorações. O sultão abre o palácio por dois dias, e os meninos podem vê-lo; as meninas fazem uma fila separada para ver a sultana. Eu fui lá — é incrível, mas esperei três horas na fila!

Só as muçulmanas cobrem o cabelo, então não preciso

---

* Celebra o fim do Ramadã, o nono mês do calendário islâmico, sagrado para os muçulmanos. (N. T.)

cobrir. Na escola, as meninas podem escolher — muitas querem cobrir, e algumas não. Mas há uma escola internacional em que as meninas bruneínas usam lenço na cabeça, porém deixam o rosto à mostra!

Eu vi o sultão algumas vezes, quando ele passa de carro e a gente acena; ele é muito simpático e acena também! É muita sorte termos um sultão gentil e generoso. Esperamos que continue assim, quando ele transmitir o poder para o filho. Não sabemos quando isso vai acontecer!

Em geral, eu como frango cozido em folha de banana. Não como a folha, mas ela mantém o frango úmido e saboroso! As minhas comidas favoritas são *rendang** de carne e *nasi lemak***!

Nós temos muita sorte, porque o Brunei é um país lindo, e muitas vezes vamos até a floresta — onde vemos um monte de animais, inclusive macacos, crocodilos e cobras. Às vezes, entra um macaco no jardim — mas nós não gostamos, apesar de parecer emocionante. Quando vemos uma cobra venenosa perto de casa, chamamos a brigada de incêndio — "a Bomba" —, e os bombeiros levam o bicho de volta para a selva.

Acho que o prédio "com a chaleira" é a mesquita construída pelo último sultão. É linda, cheia de ouro e ricamente decorada.

Espero que você tenha coisas interessantes para fazer nas férias. Nós temos muita sorte, porque viajamos à beça nas férias, e é uma beleza viajar pela Ásia!

Espero ter respondido a todas as suas perguntas e espero que você complete logo o seu projeto.

Clare x

Brunei Darussalam

* Carne (de boi, frango ou cordeiro) cozida com leite de coco, gengibre e outros temperos. (N. T.)

** Arroz cozido com leite de coco e folhas de pandano e servido com anchova e outros acompanhamentos. (N. T.)

Butão

A mãe de Ugyen e Jamtsho nos disse que os dois estavam ansiosos para escrever para Toby. Como ele escreveu para os meninos novamente e calculamos que uma troca de cartas demora uns três meses, esperamos que, com o tempo, ele aprenda muito mais sobre o Butão.

Carta para Ugyen e Jamtsho

Querido Ugyen, querido Jamtsho,
Como vão? Dzongkha é uma língua difícil de aprender? Como se diz "Eu me chamo Toby" em dzongkha? Vocês fazem muita arte? Qual é a sua arte favorita? Que roupa vocês usam? Vocês sentiram o terremoto do Nepal?
Tchau,
Toby

Resposta de Ugyen e Jamtsho

Querido Toby,
Eu vou bem. Espero que você também. Dzongkha é difícil de escrever, mas fácil de ler. Eu faço arte, às vezes. Gosto de desenhar flores, árvores, rios e montanhas. Uso mais calça e camiseta. Eu senti o terremoto.
De que jogo você gosta?
Tchau,
Ugyen

Querido Toby,
Eu vou bem. Espero que você também. Dzongkha é difícil de escrever, mas fácil de ler. Eu gosto de fazer arte, como desenhar quadrinhos. Eu uso calça e camisa, mas gosto mais de usar *gho*. *Gho* é a nossa roupa nacional.* Eu também senti o terremoto do Nepal.
Tchau,
Jamtsho

---

* Traje masculino que consiste numa espécie de roupão até o joelho. (N. T.)

China

A primeira carta que Toby mandou para a China foi, na verdade, para Hong Kong, e Tiwei, o contato dele lá, respondeu com um postal (incluído nos cadernos de imagens deste livro) escrito em inglês e em mandarim. Toby ficou fascinado com a língua e a cultura. No verão de 2014, uma escola chinesa realizou em Sheffield um curso de uma semana, durante a qual as crianças aprenderam um pouco de mandarim, mas também experimentaram dançar, provaram comidas, viram filmes e fizeram artesanato. O evento foi uma iniciativa do Confucius Institute, que ajuda pessoas do mundo inteiro a aprender chinês.* Toby adorou e pediu para continuar com as aulas. Desde então, está estudando mandarim e adorando. Para não haver dúvida de que a China continental também está representada, estamos partilhando algumas cartas da International School of Wuxi. A China é um país que Toby pretende conhecer quando for mais velho.

* Localizado na Universidade de Sheffield, esse instituto, criado em 2007, ajuda a difundir a cultura chinesa na Inglaterra. Trata-de de uma colaboração entre a Universidade de Sheffield, o Conselho Internacional de Língua Chinesa, a Universidade de Língua e Cultura de Beijing e a Universidade de Nanjing. (N. T.)

Carta para a International School of Wuxi

Queridos,
Como vão? Como é a escola de vocês? Vocês já viram o Grande Buda em Ling Shan?* O que vocês fazem depois da escola? O que vocês comem?
Tchau,
Toby

Resposta de miss Mckee e da classe do jardim de infância

Querido Toby,
Obrigada por nos deixar participar desse projeto!
Somos a única classe do jardim de infância da nossa escola (uma escola pequena). A nossa classe tem quinze alunos de cinco países — China, Estados Unidos, Japão, Coreia e Hong Kong.
A nossa escola funciona diariamente, das nove e quinze da manhã às três e meia da tarde, e fornece almoço para todos.
Temos alunos desde três anos de idade até adolescentes da 12ª série.
Eu não vi o Grande Buda em Ling Shan, mas acho que alguns alunos do ensino médio foram lá, há alguns anos, para um trabalho escolar. A nossa lanchonete serve muitos tipos de comida dos três maiores países ali representados — Coreia, China e Estados Unidos. Comemos muito arroz (todo dia), sopa (todo dia) e outras coisas, como pizza, *stir-fry*,**

---

* Estátua de bronze com 88 metros de altura, concluída em 1996 e localizada no topo do pequeno monte Ling Shan. (N. T.)
** Técnica de cozimento que consiste em fritar, rapidamente, no *wok* (panela chinesa), em óleo bem quente, pequenas quantidades de um ou mais alimen-

bulgogi (prato coreano de carne, cebola, cenoura e molho), carnes variadas, pão e muito mais.

Também incluí algumas fotos para você. A grandona é de novembro, no Dia Internacional. Usamos um traje do nosso país natal. A foto com as quatro mulheres de roupas típicas também é do Dia Internacional. Como os Estados Unidos não têm um traje tradicional, usamos trajes históricos. Eu estou na esquerda, com um vestido da época colonial americana; as outras professoras estão, respectivamente, com traje de peregrina, de pioneira e de peregrina.

A foto seguinte é de cinco professores da nossa escola num lugar chamado Monte da Lua, em Yangshuo, China. Um lugar MUITO lindo! A última página é de uma caverna que nós (os cinco professores) visitamos. Luzes coloridas iluminam algumas formações rochosas. Dizem que a da parte de baixo parece um pavão...

Mais uma vez, obrigada por nos deixar participar do seu projeto Writing to the World! Você é um rapazinho muito ambicioso!

Zài jiàn (Até logo!)

Nín de péng yŏu (seus amigos), classe do jardim de infância da Miss McKee (Jaden, Viviana, Shekinah, Kensuke, Kai, Dana, Hiroshi, Ava, Ethan, Ji Won, Lucy, Scarlett, Amy, Sarah & Ilir)

Querido Toby,

Eu me chamo Viviana. Sou da Coreia. A minha eskola [sic] se chama ISW. É verde e banca [sic]. Depois da eskola [sic] eu vou para o Clube Coreano. Cmo [sic] é a Inglaterra? ♥

Sua amiga,
Viviana

---

tos, mexendo sempre. O nome da técnica acabou estendendo-se ao prato assim preparado. (N. T.)

Coreia do Sul

Toby escreveu para uma porção de escolas, mas esta foi a primeira vez que acabou saindo num jornal escolar. Depois de receber as cartas, vimos na internet uma apresentação tradicional de tambores coreanos — achamos muito elegante!

Carta para o ginásio Gyeongseo

Queridos,
Como vão? Como é a escola de vocês? Vocês já foram no parque Apsan e viram as pegadas do dinossauro fossilizado?*
O que vocês comem?
Tchau,
Toby

Resposta de Megan

Querida Sabine, querido Toby,
Muito obrigada pelas cartas que vocês mandaram para a nossa escola. Eu mostrei aos alunos na internet umas informações novas sobre Toby e escrevi um pequeno artigo sobre a aventura dele no nosso jornal de língua inglesa. Infelizmente o jornal não cabe neste envelope. Mas incluí uns recortes para Toby.
Os alunos ficaram muito interessados pela história dele e gostaram de aprender a escrever cartas em inglês.
A nossa escola fica no extremo sul de Daegu, perto do Arvoredo de Daegu. Aqui fez muito frio, semanas atrás, e até nevou uma vez, mas esta semana as temperaturas mais altas estão pouco acima de 55 (uns 12°C).
Avisem-me quando receberem esta. Os alunos ficarão encantados. Eles estão estudando muito para os exames finais, que serão nesta semana. Aqui na Coreia temos aulas de fevereiro a dezembro e saímos em férias, por cerca de um

---

* O maior parque de Daegu, situado no sul da cidade, estendendo-se por vales e picos do monte Apsan; inclui, entre outras atrações, uma área destinada a cavalgadas, uma piscina e restaurantes. Um bondinho suspenso conduz a um dos picos e várias trilhas conduzem a outros picos. (N. T.)

mês, em janeiro, para o Ano-Novo chinês. Todos nós estamos ansiosos para começarem as férias.
Lembranças carinhosas,
Megan Kyker

Querido Toby,
Como vai? Eu vou bem, mas está ficando frio por aqui. Logo vai começar o inverno. A nossa escola é pequena, tem só 130 alunos. É uma escola rural. Nós vencemos um concurso de tambores! Eu gosto da aula de educação física. Eu gosto de jogar badminton. Nós temos aulas das oito da manhã às quatro da tarde.

Não, eu não fui ao parque Apsan, mas quero ir logo. A minha comida favorita é *bibimbap*.* Eu como arroz todo dia. Qual é a sua comida favorita?
Obrigado,
Yebih

---

* Prato à base de arroz japonês, que, depois de cozido, é misturado com carne, legumes, verduras, cogumelos e ovos, cada qual cozido separadamente, e molho ou pasta de pimenta. (N. T.)

Índia

Toby escreveu muitas cartas para a Índia — na esperança de acabar cobrindo todos os estados e territórios, como conseguiu fazer em relação aos Estados Unidos, ao Canadá e à Austrália. Como era muito difícil escolher uma carta, optamos por partilhar a primeira. Ramesh e a filha fizeram uma simpática apresentação de um país tão diferente, e Tanya nos mandou mais uma montanha de informações — desse jeito, Toby nunca vai se entediar com a Índia!

Carta para Ramesh

Oi, Ramesh,
Como vai? Você já se cobriu de pó colorido no festival Holi? Você já entrou na [mesquita] Charminar?
Tchau,
Toby

Resposta de Ramesh

Olá, Toby,
Eu lhe desejo um ano-novo muito feliz.
Obrigado por escrever para mim.
A Índia é um país enorme e unificado, mas culturalmente dividido em muitas regiões. A Índia do Norte, a Índia do Nordeste, a Índia do Leste, a Índia do Sudoeste, a Índia do Oeste e a Índia Central. Cada uma dessas regiões tem a própria língua, a própria culinária e o próprio clima.
Alguns festivais são realizados em todo o país. E alguns ocorrem só em poucos lugares do país. O festival das cores* (chamado Holi) geralmente se realiza no norte e no oeste da Índia. O festival das luzes** (chamado Diwali) ocorre na maioria das regiões, mas não em algumas partes da Índia do Sul. O festival da colheita é realizado em toda a Índia com diferentes nomes.

---

* Comemora a chegada da primavera e tem esse nome porque os participantes pintam o rosto com pós de várias cores, além de jogar esses pós uns nos outros. (N. T.)

** Festa religiosa que ocorre no outono e se estende por cinco dias. Simboliza a vitória da luz sobre as trevas, do bem sobre o mal, do conhecimento sobre a ignorância. As pessoas acendem lamparinas em todos os cantos da casa, na porta de entrada e nas ruas, frequentemente formando desenhos. Também vestem roupas novas, soltam fogos de artifício, comem doces e rezam para Lakshmi, a deusa da prosperidade e da riqueza. (N. T.)

O Natal é comemorado na Índia inteira. Espero que você tenha tido um bom Natal. O que você ganhou do Papai Noel?

Estou lhe mandando um livro sobre a Índia e espero que você goste. Também estou lhe mandando um mapa da Índia, em que assinalei a cidade onde moro.

Eu entrei na Charminar há alguns anos.

Ramesh

Carta para Tanya

Querida Tanya,
Como vai? Você já foi no Templo de Lótus? Você usa sári? Você já esteve no Taj Mahal?
Tchau,
Toby

Resposta de Tanya

Querido Toby,
Aqui vão alguns fatos sobre o Taj Mahal que não são do conhecimento de muita gente:

1. Ele demorou 21 anos e precisou de 22 mil pessoas para ser construído!
2. O Taj Mahal parece que tem uma cor diferente em diferentes períodos do dia!
3. Ele é exatamente igual nos quatro lados!

Eu realmente espero que um dia você venha à Índia e veja o Taj Mahal com seus próprios olhos.

O Templo de Lótus é lindo! E lá dentro é muito, muito silencioso. Ao contrário das ruas de Delhi, que são muito barulhentas! Por elas passam carros, riquixás motorizados e até vacas.

O Jantar Mantar é, na verdade, um observatório! Um dos cinco que temos. Os outros quatro ficam em Jaipur, Ujjain, Varanasi e Mathura. Foi construído na década de 1720 pelo marajá (que significa "grande rei") Jai Singh II, que amava matemática, arquitetura e astronomia. Cada edifício da foto é, na verdade, um instrumento gigantesco (infelizmente, não tinham telescópio na época). *Jantar* significa "instrumento", e *mantar* quer dizer "fórmula".

Chaat é um tipo de lanche (uma delícia). Aqui vai a receita da minha mãe para fazer *chana chaat*:

1. Acrescente, ao grão-de-bico cozido, uma cebola, um tomate e coentro picados.
2. Adicione sal, pimenta vermelha em pó e cominho em pó para dar sabor.
3. Esprema um limão, e pronto! Se quiser alterar o sabor, fique à vontade.

Espero que você goste!

Chaat de frutas:
Acrescente *chaat masala* (especiarias disponíveis no supermercado ou em lojas de produtos asiáticos) a algumas frutas picadas (por exemplo, bananas, maçãs, goiabas, peras, laranjas, uvas etc.). Adicione sal e açúcar a gosto.

Indonésia

A carta de Toby para Karenina coincidiu com o Ramadã de 2015. Na verdade, Karenina escreveu no terceiro dia do Ramadã, e a carta chegou poucos dias antes do Eid.* Foi uma excelente oportunidade para conhecermos um pouco mais sobre isso, e acabamos indo a uma celebração local. Também fizemos nasi goreng, *seguindo a receita que Karenina nos enviou, e achamos uma delícia!*

* O Eid aL-Fitr, ou Eid-ul-Fitr, chamado, na Indonésia, de Idul Fitri ou, popularmente, de Lebaran, é uma festa religiosa que celebra o fim do Ramadã, o nono mês do calendário islâmico, sagrado para os muçulmanos. (N. T.)

Carta para Karenina

Querida Karenina,
Como vai? Vocês podem subir no Monas?* O que vocês comem na Indonésia? Você poderia nos mandar uma receita, por favor? Você já foi ao Museu das Pipas?** Como se diz "Meu nome é Toby" em indonésio? Como é a escola na Indonésia?
Tchau,
Toby

Resposta de Karenina

Querido Toby,
Eu vou bem, maravilhosamente bem, na verdade.
Hoje é o meu terceiro dia de jejum. Os muçulmanos do mundo inteiro têm a obrigação de jejuar durante o período chamado Ramadã. Não podemos comer nem beber e devemos praticar o bem desde o amanhecer até o pôr do sol. Espero que você esteja tendo um bom dia, por falar nisso.
Podemos, sim! Mas, na última vez que subi no Monas, eu tinha a sua idade. Agora estou com dezesseis anos. Temos vários tipos de comida. A minha favorita é caranguejo [frito] com pimenta-do-reino! Mas o que as pessoas geralmente comem é *nasi goreng*, ou arroz frito.

---

* Forma abreviada de Monumento Nacional (Monument Nasional, em indonésio), obelisco de 132 metros de altura, erguido em Jacarta, a capital do país, em 1961-75, para lembrar a luta contra a dominação estrangeira e celebrar a independência da Indonésia. (N. T.)

** Museum Layang Layang, em indonésio; situa-se em Jacarta e contém mais de seiscentas pipas. (N. T.)

Nasi goreng spesial

2 colheres de sopa de molho de soja doce
2 colheres de sopa de molho de tomate
1 colher de chá de sal
½ colher de chá de açúcar
½ colher de chá de pasta de camarão (*terasi*, em indonésio)
2 pimentas vermelhas
4 pratos de arroz (cozido)
100 g de peito de frango picado em cubos e frito
200 g de camarão (limpo)

Aqueça a manteiga, acrescente os temperos (a pimenta tem de estar amassada) e mexa até desprender o aroma. Acrescente o arroz, o frango e o camarão. Misture bem.

Mande-me a receita do seu prato favorito aí no Reino Unido! Sim! Eu já fui ao Museu das Pipas. Vi um monte de pipas lindas e coloridas. Quando eu tinha a sua idade, não sabia empinar pipa. Eu mandava muito mal! :P
"Meu nome é Toby" = *Nama saya Toby*.
Aqui a escola é superlegal! Cada série tem um uniforme. O que eu mais gosto na escola é a cantina! Aqui a cantina é muito diferente. A gente tem de comprar o que vai comer. Por isso, a cantina tem muitos vendedores. Comprar lanche na escola se chama *jajan*.
Lá fora, na frente do portão da escola, também ficam muitos vendedores. Eles vendem uma porção de coisas bacanas, como pintinhos, caracóis (para ser bicho de estimação), balões de água e até comida! Do que você mais gosta na sua escola e qual é a sua matéria favorita? Da minha parte, eu ODEIO matemática e sempre vou mal :P A minha irmã está fazendo mestrado em Southampton, por falar nisso! Eu

nunca estive no Reino Unido, mas ouvi dizer que é muito legal e tranquilo. A Indonésia é muito quente e tem gente demais, mas o pessoal daqui é muito simpático! ☺

    Com carinho,
    Karenina
    Tchau

Iraque

Não sabíamos onde colocar esta carta no livro, mas acabamos optando pelo Iraque, que é onde vamos partilhá-la. Toby escreveu para um garoto sírio, Dilan, que morava num campo de refugiados no Iraque. A ShelterBox, uma das instituições de caridade que Toby está ajudando com o projeto dele, entrou em contato conosco e nos disse que um dos seus voluntários poderia levar uma carta para Dilan e trazer a resposta. Foi uma oportunidade incrível, e somos muito gratos à ShelterBox por nos ajudar!

Carta para Dilan

Querido Dilan,
Como vai? Eu sinto muito que você tenha precisado sair do seu país. Você está bem? É difícil tocar *tambur* [alaúde de braço comprido]? Qual é o assunto das canções que você escreve? O que você quer ser quando crescer? O que você come?
Tchau,
Toby

Resposta de Dilan

Oi, Toby.
Muito obrigado. Minhas cordiais saudações.
Fiquei muito feliz com a sua carta, que me ajudou muito. Eu quero ser um artista internacional. Desejo a você um belo futuro e espero que nos tornemos amigos. Mantenha contato.
Obrigado

Japão

Conheci Joseph quando ele morava na Inglaterra, então a carta que Toby mandou para Joseph e a esposa, Satoko, foi uma das dez primeiras do seu projeto. Mantivemos contato, e agora eles também têm um menininho.

Carta para Joseph e Satoko

Oi, Joseph, oi, Satoko,
Como vão? Como é a vida no Japão? Eu vi a mensagem que você escreveu no meu livro — obrigado! Acabei de correr cinco quilômetros. Eu sei que você também gosta de correr.
Tchau,
Toby

Resposta de Joseph e Satoko

Konnichiwa, Toby ("olá", em japonês)!
Agradecemos muito pela sua carta. Ficamos muito felizes em recebê-la. Vamos muito bem. Hoje é domingo, então vamos ficar em casa descansando, em Tóquio. Mais tarde, vamos comer sushi (peixe cru) no nosso restaurante favorito — a comida no Japão é uma delícia! Levamos junto o nosso pinguim de estimação, o Pepe, que também ADORA peixe cru!
Gostamos do Japão porque as pessoas são muito simpáticas, tudo é limpo, e o interior é uma beleza, com muitos lugares para conhecer! No verão, vou escalar o monte Fuji, o mais alto do Japão.
Na verdade, o monte Fuji é um vulcão, mas felizmente parece que, no momento, está dormindo. Também gostamos da tecnologia no Japão; os robôs estão se popularizando para ajudar no cotidiano das pessoas.
Você consegue [correr] cinco quilômetros?!! Uau! Eu passei trinta anos treinando para correr cinco quilômetros, mas você já conseguiu. Estou muito impressionado! Vou correr amanhã. Gostei de visitar sua casa e escrever no seu

livro, e espero que a gente se encontre de novo algum dia, talvez no Japão!

Por favor, diga "oi" para a sua mãe por nós! Com carinho, de Tóquio!

Joseph e Satoko

Jordânia

Toby adorou escrever para Anees e Vanessa. Ficamos fascinados com a cidade de Petra, e Anees, além de ser escultor, cria acessórios para filmes, o que Toby considerou um trabalho fantástico, apesar de o sonho dele ter passado a ser participar de uma escavação arqueológica em Petra.

Carta para Anees e Vanessa

Querido Anees, querida Vanessa,
Como vão? Vocês fazem escavação arqueológica em Petra? De que parte de Petra vocês gostam mais? Petra te dá um monte de ideias para fazer esculturas? Como você começou a fazer acessórios para filmes?
Tchau,
Toby

Resposta de Anees e Vanessa

Querido Toby,
Obrigado pela sua carta. Estão fazendo muitas escavações arqueológicas em Petra. Na verdade, descobriu-se apenas um terço de Petra; o resto ainda está por ser escavado. Este cartão traz a foto de um dos maiores monumentos, que é a minha parte favorita de Petra.

A arte antiga de Petra e outros lugares me dá muitas ideias para as minhas esculturas, e, como eu sei esculpir em pedra, madeira e outros materiais, às vezes o pessoal do cinema me chama para fazer acessórios. Eu fiz muitas pedras de espuma que pareciam verdadeiras e eram jogadas nos atores durante a filmagem. Na Jordânia, existem muitos lugares incríveis; espero que você nos visite algum dia.

Anees e Vanessa

Maldivas

Toby recebeu essa carta quando tinha cinco anos, e a sugestão dos alunos — bem como de outras cartas semelhantes — "Você deve mergulhar quando for mais velho" incutiu-lhe a determinação de aprender a mergulhar assim que puder, para ver todas as criaturas incríveis de que falam tantos de seus correspondentes.

Carta para Sharon

Querida Sharon,
Como vai? Você já viu um tubarão-baleia? O que você come? Você já andou de hidroplano, e, se andou, como é? Gostei de saber que todos os seus alunos estão ajudando na comunidade.
Tchau,
Toby

Resposta de Sharon

Querido Toby,
Nós somos alunos da Sharon. Estamos muito contentes por você escrever para nós. Respondendo às suas perguntas, nós já vimos tubarão-baleia, mas não nas Maldivas. Mas vemos águas-vivas, enguias, golfinhos e até arraias gigantes e tubarões enormes. Todos nós andamos de hidroplano. É como um barco voador, e a vista é uma beleza, porque a gente vê uma porção de ilhas e recifes, já que o hidroplano não voa tão alto quanto o aeroplano.
Com relação à comida, temos vários pratos de peixe. Os maldívios adoram comida apimentada.
Você deve mergulhar quando for mais velho. É fantástico, e você vê um monte de peixes coloridos, corais e outras coisas incríveis, e temos certeza de que vai adorar.
Esperamos sinceramente que você venha ao nosso país algum dia. Obrigado pela sua linda carta.
Cuide-se,
Lamha, Amana, Yasmin, Laisa, Ainnie, Maryam, Raaima e Modith

Mongólia

Eu já estive na Mongólia, então esse foi mais um país de que sabíamos um pouco através de histórias de viagem em família. Até fui à embaixada britânica — mas não sabíamos que existia um gato na embaixada. Toby adorou o cartão de aparência tão oficial.

Carta para Isabelle

Oi, Isabelle
Como vai? O que é que um embaixador faz? Como é a Mongólia? Você já esteve na Pedra da Tartaruga?
Tchau,
Toby

Resposta de Isabelle

Querido Toby,
Obrigada pela carta. Gostei muito de receber notícias suas.

Nós vamos muito bem e estamos adorando o curto verão da Mongólia, que, infelizmente, dura apenas dois meses, com o pessoal do campo já se preparando para o inverno rigoroso, com temperaturas de até −50°C, o que é muito frio.

O nosso filho, Will, que tem vinte anos, veio passar o verão conosco, e isso é ótimo. Ele está envolvido em muitos projetos: encontrar o coronel John Blashford-Snell, que está voltando de uma expedição, e passar o dia com os oficiais britânicos envolvidos com o Exercício Multinacional de Manutenção da Paz Khaan Quest 2013.*

Ulan Bator, onde nós moramos, é a capital mais fria do mundo. Tem uma população de aproximadamente 1,3 milhão de pessoas, com cerca de 800 mil ainda morando nas tradicionais *gers* [tendas]. Estou lhe enviando um postal com a foto de uma *ger*, com gado e uma família mongol.

---

* O Multinational Peace Keeping Exercise foi criado pelos Estados Unidos e pela Mongólia em 2003 e consiste em exercícios (Khaan Quest) realizados anualmente, na Mongólia, por militares internacionais para partilhar melhorias em operações voltadas para a manutenção e promoção da paz e da segurança regionais. (N. T.)

No momento, há muitas obras na cidade, o que a torna muito poeirenta e barulhenta, mas ela está se desenvolvendo tão depressa que precisa muito de novas edificações e estradas. Também estão construindo um novo aeroporto internacional, a sessenta quilômetros da cidade, que vai trazer muito mais gente para cá.

O embaixador é uma pessoa muito ocupada, que representa o Reino Unido e a Irlanda do Norte aqui na Mongólia. Ele se esforça muito para ajudar empresas britânicas a fazerem negócios na Mongólia; trabalha com o governo mongol, encontrando-se frequentemente com o presidente, o primeiro-ministro e os ministros para convencê-los a apoiar as nossas opiniões sobre questões referentes ao mundo.

Ele conta para os mongóis o que o Reino Unido tem de melhor, sob o ponto de vista cultural, político e econômico, conquistando amizades e compreensão.

Anualmente, celebramos o aniversário de Sua Majestade, a rainha, recebendo na nossa casa convidados mongóis e britânicos. Este ano, a Banda Militar Mongol tocou o hino nacional pouco antes de viajar para a Escócia, a fim de participar do Edinburgh Tattoo,* e, no ano passado, tivemos a alegria de partilhar com membros do time Paralímpico Mongol o bolo de aniversário de Sua Majestade, que eu mesma havia feito.

Também somos responsáveis pela Minnie, a gata da embaixada, que tem dez anos de idade. Ela foi encontrada, ainda filhote, ferida num acidente de trânsito, e o pessoal a adotou e cuida dela desde então. A Minnie passa muito tempo no gabinete do embaixador e às vezes toma o chá dele!

Em casa, que é chamada de "a Residência", também temos um gato, o Morris, que trouxemos de Derbyshire. Ele

---

* Ou Royal Military Edinburgh Tattoo: festival de bandas marciais de gaitas de fole e tambores, realizado em Edimburgo durante um mês; além de música, inclui dança. (N. T.)

viajou muito e também morou conosco no Japão. Ele está bem ambientado e gosta de perseguir os passarinhos e os ratos que encontra no jardim.

Visitamos a Pedra da Tartaruga este ano, e foi muito interessante. Ela está situada no Parque Nacional Gorkhi-Terelj, um lugar ótimo para caminhar e cavalgar, apesar de que fazia muito frio quando fomos lá: −35ºC! No mesmo dia, também fomos assistir a uma partida de polo a camelo, que foi muito divertida.

Obrigada, mais uma vez, por escrever, e espero que você tenha gostado deste breve apanhado sobre a nossa vida na Mongólia.

Com meus melhores votos de felicidade,

Isabelle

Esposa do embaixador britânico de Sua Majestade na Mongólia

Nepal

Desde o início do projeto, Toby estava fascinado com o Nepal e o monte Everest. Durante o projeto, o Nepal foi atingido por uma série de desastres, e uma das ShelterBoxes para a qual Toby arrecadara dinheiro foi para lá, a fim de ajudar uma família necessitada.

Carta para Prabin

Querido Prabin,
Como vai? Você já escalou o Himalaia? O que vocês comem no Nepal? Qual é a sua profissão? Qual é a melhor coisa para quem mora em Katmandu?
Tchau,
Toby

Resposta de Prabin

Querido Toby,
Calorosas saudações do Himalaia!
Estou feliz em receber a sua carta. Aqui em Katmandu, a capital do Nepal, a minha família, o meu filho Arnav, que é pequeno como você (quatro anos), e eu vamos bem.

O Himalaia é um pouco longe do lugar onde moro, e eu subi a região montanhosa até 4 mil metros acima do nível do mar, na região do [monte] Annapurna (uma das áreas de escalada mais populares do Nepal, depois do Everest).

Aqui no Nepal normalmente comemos arroz cozido a vapor/ em água, sopa de lentilha, hortaliças da estação e carne (frango/ porco/ búfalo/ peixe/ bode/ pato/ cordeiro). Nas festas, preparamos pratos diferentes. As crianças adoram *momo/ chomin*.* *Momo* é um bolinho de farinha de trigo e carne. Também se pode fazê-lo com doce ou com vegetais e cogumelos.

Trabalho numa agência de viagens, organizando/ realizando excursões pelo Nepal e também para Índia/ Butão & Tibete.

Sendo uma cidade cultural, Katmandu ("cidade da glória") abriga numerosos festivais; além disso, tem um clima

---

* Macarrão oriental com frango, molho de ostras, verduras e legumes. (N. T.)

extremamente agradável: nem muito frio no inverno, nem muito quente no verão.

    Escreva para mim se quiser saber mais sobre o Nepal.

    Tenha um ótimo dia!

    Com muito carinho do Nepal.

    Prabin

Rússia

Sabemos que Moscou fica na Europa, mas, como a maior parte da Rússia está na Ásia, é na Ásia que ela figura no site de Toby — não queremos ofender ninguém! Toby adora a catedral de são Basílio; até fizemos uma maquete — mas, graças à carta de Julia, agora sabemos por que a maioria das fotos a mostram só por fora!

Carta para Julia

Oi, Julia,
Como vai? Você já entrou na catedral de são Basílio? Como é que você se aquece no inverno?
Tchau,
Toby

Resposta de Julia

Querido Toby!
Como vai?
Pois fique sabendo que São Basílio não é tão bonita por dentro. É só pedra. Mas imagine que cada pedra tem uma história!
E, se um dia você vier para a Rússia no inverno, não deixe de trazer roupa de lã! Polôver (é assim que se escreve?!), luvas, claro, e gorro de lã! Usando roupa de lã, você pode brincar com a neve, lá fora.
Diga "oi" para sua mãe por mim.
Sua amiga russa,
Julia

Sri Lanka

Sam, além de chamar a nossa atenção para cães soltos ou abandonados, um problema que muitos países enfrentam, também tirou fotos da sua resposta a caminho do correio no Sri Lanka, o que foi quase como estar lá, como disse Toby.

Carta para Sam

Oi, Sam,

Como vai? Por que existem tantos cachorros de rua no Sri Lanka? Você também pode falar de um tsunami que aconteceu em 2004?

Tchau,
Toby

Resposta de Sam

Oi, Toby,

Muito obrigada pela carta. Fiquei muito contente quando o carteiro a trouxe.

Você me fez umas perguntas realmente importantes ☺

Existem muitos cachorros aqui no Sri Lanka. Alguns não têm dono e vivem na rua. Alguns têm dono, mas saem quando querem, porque nem todas as casas são cercadas.

Eu trabalho para a Dogstar Foundation, e uma das minhas funções é ensinar as pessoas a cuidar dos animais. Temos um livro de colorir para crianças, e estou lhe mandando um exemplar. Espero que você goste de colorir tanto quanto eu.

O povo do Sri Lanka fala três línguas: sinhala, tâmil e inglês. O livro de colorir tem frases em sinhala e inglês. O alfabeto do sinhala é diferente e parece difícil de aprender.

O tsunami foi uma onda enorme, provocada por um terremoto no mar. A onda danificou uma série de edifícios e hotéis localizados nas praias. A maioria já foi consertada.

Mais uma vez, obrigada pela carta. Realmente gostei de lê-la e de responder às suas perguntas.

Sam ☺

Tailândia

"Conhecemos" Kung através da página de Toby no Facebook, porque ela respondeu a muitos posts do meu filho com informações sobre a Tailândia. Ela nos falou do Loy Krathong, um festival tailandês em que as pessoas preparam cestas de flores e as soltam no rio para que as preocupações e o azar sejam levados embora. Como Toby adora tudo que é novidade, fizemos o nosso Krathong aqui na Inglaterra. Kung também nos mandou receitas de comida e de artesanato — graças a ela, passamos horas criando objetos e cozinhando com prazer!

Carta para Kung

Querida Kung,
Como vai? Obrigado por toda a sua ajuda no meu projeto. Você se divertiu no Loy Krathong? Você precisa tomar cuidado com animais venenosos aí onde mora? Qual é a sua profissão?
Tchau,
Toby

Resposta de Kung

Querido Toby,
Muito obrigada pela carta. Nesta época, na Tailândia, pode demorar muito tempo para uma carta seguir para o exterior. Por isso, hesitei muito em lhe mandar esta resposta.
Trabalho com tradução técnica, traduzindo uma montanha de documentos técnicos do inglês para o tailandês. Parece chato? É, mas quem gosta aprende diariamente o que há de mais novo em tecnologia. O lado ruim é que todo mundo pensa que eu sou especialista em língua inglesa, o que não é verdade.
Eu me formei em engenharia química; portanto, se você quiser saber de onde vem o petróleo, talvez eu possa lhe dar algumas pistas.
Na Tailândia, temos muitas festas o ano inteiro. Os tailandeses adoram alegria, espetáculo, divertimento. Por exemplo, temos a festa de Ano-Novo em 1º de janeiro, o Ano-Novo chinês lá pelo fim de janeiro, começo de fevereiro, e o Ano-Novo tailandês em 13 de abril. Como você pode ver, comemoramos o Ano-Novo três vezes!
No dia do Loy Krathong, eu fui ao Loy Krathong no re-

servatório Bang Phra,* perto da minha casa. Muita gente vai ao *loy krathong* e algumas pessoas vão ao *loy komloy*. *Komloy* é uma espécie de lanterna que a gente solta no ar, como um balão.

O Ano-Novo chinês caiu no último dia 31 de janeiro. Eu sou tailandesa-chinesa, então a minha família comemorou. A comemoração dura três dias. Nesse período, é proibido falar palavrão e fazer ou até mesmo pensar em más ações.

O primeiro dia é antes do fim do ano. É o "Dia de Comprar". Todos os chineses compram, compram, compram. (Hahaha.) Compram coisas para o sacrifício.

O segundo dia é o "Dia do Sacrifício" aos deuses, aos espíritos solitários (que não tinham parentes) e aos ancestrais. O material do sacrifício é comida, feita com carne de porco, pato, frango, peixe, lula, frutas, e papéis prateados e dourados. Cada tipo de carne, fruta e objeto tem um significado. As pessoas passam o dia inteiro cozinhando e realizando sacrifícios. No fim do dia, queimam os papéis prateados e dourados e soltam fogos.

O último dia é o mais divertido. É o "Dia da Alegria", ou o primeiro dia do ano-novo. Todos os pais levam os filhos para visitar os avós e os parentes mais velhos e dizer *"Sin Jia You Ei, Sin Nee Huad Chai"* (Feliz Ano-Novo, Próspero Ano-Novo), ou outros bons votos em chinês. Os avós e todos os adultos dão dinheiro para as crianças num envelope vermelho (*Ang Pao*). Quanto mais parentes visitar, mais *Ang Pao* a criança ganha! (Hahaha.) (Incluí nesta carta um *Ang Pao* para você. ^_^) Os adultos também dão *Ang Pao* para os pais das crianças.

Agora, a sua pergunta sobre animais venenosos.

Sim, existem alguns animais venenosos perto da minha casa. Os mais assustadores são as najas. Às vezes, umas co-

---

* Grande reservatório (por volta de quarenta quilômetros) cercado de relva e bosques. (N. T.)

bras visitam a minha casa. Em geral, são cobras-verdes, não venenosas. Mas, às vezes, são najas enormes, muito assustadoras. Agradeço aos meus cachorros, que as afugentam.

Uma cobra incomum que visita a minha casa é um píton muito grande. Da meia-noite até o amanhecer, ele sobe na árvore, na cerca, entra no tanque dos peixes, e depois vai embora. Os meus cachorros ficam furiosos, mas eu os prendo dentro de casa para não levarem uma mordida do píton.

Outros bichos venenosos são escorpiões gigantes e centopeias. Existem mais centopeias que escorpiões gigantes escondidas embaixo das pedras, no jardim. Por isso, tenho de tomar cuidado quando trabalho na terra.

Tchau,
Kung

Turcomenistão

Com frequência, ficamos sabendo de escolas que usam as cartas de Toby como material didático — ou para ensinar a escrever cartas, ou para falar um pouco sobre o Reino Unido —, mas esta carta ajudou as crianças a aprender alguma coisa sobre o próprio país. A pergunta de Toby sobre monumentos locais inspirou no professor a ideia de levar a classe para visitar alguns deles, desenhá-los, conhecê-los melhor e partilhar o trabalho com meu filho!

Carta para a Ashgabat International School

Queridos,
Como vão? Vocês já estiveram na Porta do Inferno, em Darvaz?* Vocês podem me falar sobre o Memorial do Terremoto, em Ashgabat? Como é a sua escola?
Tchau,
Toby

Resposta da Ashgabat International School

Querido Toby,
Obrigado pela carta. Nós vamos bem. Adoramos sua carta.
Alguns colegas estiveram em Darvaz (a cratera de fogo). É muito legal. Alguns acamparam perto da cratera de fogo. Foi muito divertido fazer aviõezinhos de papel e jogá-los no meio da cratera. A gente achava que eles iam explodir e pegar fogo, mas não aconteceu nada disso. Os aviõezinhos acabaram voando alto, bem acima da cratera. Você sabia que esse fogo está lá aceso há quarenta anos?
Ontem (7 de outubro, segunda-feira) foi o Dia da Recordação, lembrando o 65º aniversário do terremoto. Por causa do Dia da Recordação e por causa da sua pergunta sobre os memoriais, nós fizemos um passeio para ver dois memoriais em Ashgabat. Nós desenhamos o que vimos. Tomara que você goste.
Por causa da sua carta, a nossa classe de cinco anos fez um boletim informativo sobre ela. Estamos mandando uma cópia do boletim.

* Cratera ou buraco com setenta metros de diâmetro na vila de Derweze, deserto de Karakum, a 260 quilômetros de Ashgabat, que contém uma reserva de gás natural em constante combustão. (N. T.)

Tomara que você goste dos nossos desenhos dos monumentos. O monumento com o touro [Memorial do Terremoto] era muito grande.

Nós gostamos da nossa escola em Ashgabat. Ela é pequena, e nós gostamos quando os "grandões" (os alunos do ensino médio) vêm para a nossa classe e brincam com a gente. Como é a sua escola?

Seus amigos,

Classe de alunos de cinco anos da Ashgabat International School

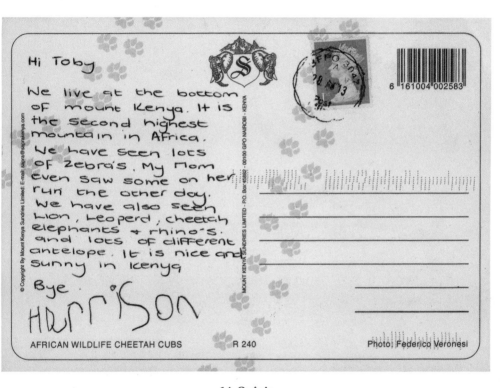

14. Quênia
Toby ficou pasmo ao saber que existem crianças que veem leões, zebras, antílopes com a mesma facilidade com que ele vê gralhas e esquilos.

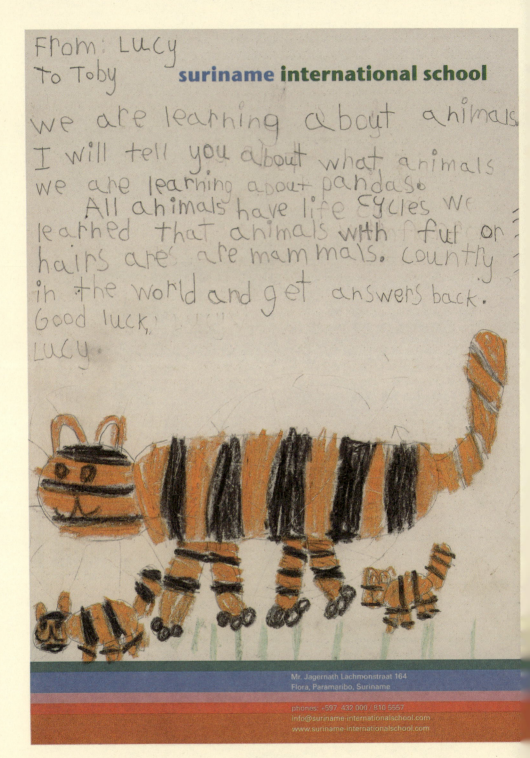

15. Suriname
Toby adorou saber o que eles estavam aprendendo, que não era muito diferente
do que ele mesmo estava aprendendo na época.

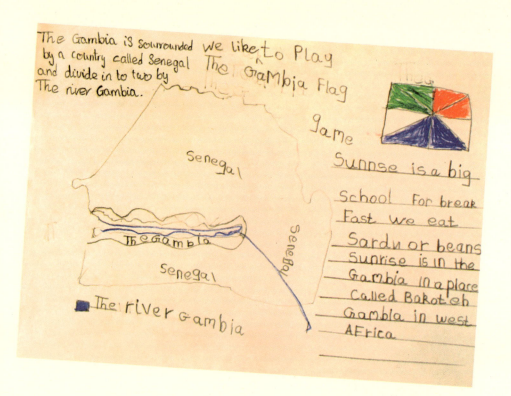

16. Gâmbia
As crianças do Sunrise Centre partilharam o jogo da bandeira, que é igual ao jogo da velha!

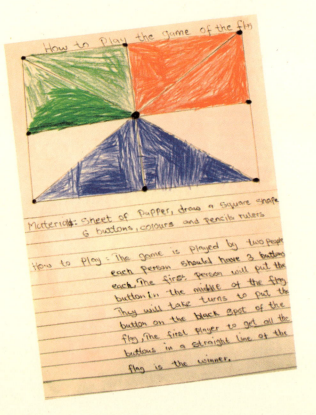

17. Antártida
James e os seus colegas da estação de pesquisa na Antártida deram a Toby o melhor presente de aniversário — mandaram-lhe uma faixa especial e fotos deles segurando-a no Polo Sul!

18. Filipinas
Os alunos de Anika criaram livros pop-up para responder às perguntas de Toby, e é impossível mostrar todas as abas, linguetas e puxadores numa foto! Continuamos em contato, através da página de Toby no Facebook, e eles nos mantiveram informados quando o tufão Haiyan atingiu as Filipinas, pouco depois dessa troca de cartas.

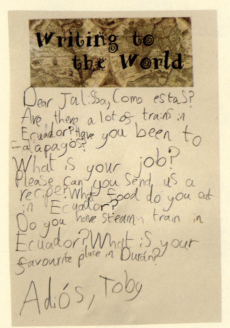

19. Equador
Toby gosta de aprender línguas e muitas vezes usa as cartas para testar novas frases.

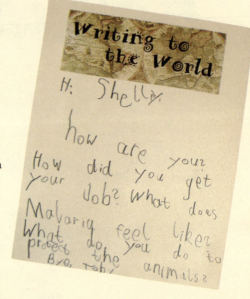

20. Maláui
O tema da malária é frequente nas cartas da África, e um menino do Reino Unido pode ter dificuldade para entender essa doença.

21. Benin
Adoramos esse cartão e a frase que contém; ela parecia perfeita para resumir o projeto de Toby.

OCEANIA

Austrália

Emma mora em Melbourne, e, na nossa pesquisa, descobrimos que ainda existe ouro para ser encontrado no Warrandyte State Park.* Toby já queria fazer as malas e ir buscar a fortuna.

---

* Em 1851, descobriu-se ouro nesse parque de 586 hectares, situado em Warrandyte, na região metropolitana de Melbourne, mas a exploração se encerrou no começo do século xx. (N. T.)

Carta para Emma

Querida Emma,
Como vai? Você já achou ouro no Warrandyte State Park? Qual é o seu lugar favorito em Victoria? Como é a vida em Melbourne?
Tchau,
Toby

Resposta de Emma

Oi, Toby,
Obrigada pela carta! Eu vou bem, e você?
Eu nunca achei ouro no Warrandyte. Pode ser que eu procure, na próxima vez que for lá.
O meu lugar favorito em Victoria é o monte Dandenong. Lá do alto, a vista da cidade é fantástica. No outono, a viagem de carro até essa montanha é linda, porque as folhas das árvores estão mudando de cor.
Melbourne é bacana, porque a gente não precisa ir muito longe para ver uma porção de coisas interessantes. A cidade fica perto de tudo, e basta uma hora de carro para chegar à região rural de Victoria, onde há muitos pastos cercados. No inverno, até a neve fica perto, a umas duas horas de carro!
Em Melbourne há muitas galerias e museus de arte para visitar. Ainda não fui a todos!
Parabéns por escrever para todos os lugares do mundo; adoro acompanhar você no Facebook e saber das novidades.
Da Emma ☺

Ilhas Marshall

Muitos países insulares do Pacífico que pesquisamos nos colocaram frente a frente com a mudança climática. A ideia de que nações inteiras vão ter de se mudar se o nível do mar continuar subindo parece muito difícil de ser assimilada pela cabeça de um menino que mora no alto de uma colina no Reino Unido, mas as cartas que Toby recebeu tornaram esse problema bem real.

Carta para Irene

Querida Irene,
Como vai? Cai muita tempestade por aí? Você mergulha? As pessoas viajam muito de uma ilha para outra? O que você ensina na universidade? Alguém já deu a volta em todo o atol a pé?
Tchau,
Toby

Resposta de Irene

Olá, Toby,
Obrigada pela carta. Nós somos dois arquipélagos de atóis de coral e de ilhas — Ralik ("amanhecer") e Ratak ("anoitecer"). Eles têm chefes diferentes, mas a língua e os costumes são os mesmos. Somos um grande Estado oceânico, mas a terra é limitada e preciosa.

Você perguntou sobre o clima — realmente, caem tempestades por aqui (ontem à noite caiu uma das grandes!), mas nunca faz frio, porque estamos perto do Equador. A mudança climática nos preocupa muito, e aqui, no próximo ano, vai haver uma grande conferência sobre isso. Se o nível do mar subir um metro, as ilhas serão inundadas, as plantações vão morrer e, no fim, a terra vai desaparecer. O que significa que a população vai ter de se mudar.

Espero que você leia sobre as Marshall na internet. Ensinamos todos os assuntos em cursos à distância.
Tudo de bom,
Irene

Nauru

Nauru é o terceiro microestado do mundo (depois do Vaticano e de Mônaco). Tem menos habitantes que a nossa cidade vizinha. Toby ficou fascinado com a ideia de dar a volta num país inteiro a pé — Adam nos disse que essa caminhada demoraria de três a quatro horas, e já andamos mais que isso!

Carta para Adam

Querido Adam,
Como vai? Você já deu a volta em Nauru inteira a pé? Do que é feita a roupa tradicional de Nauru? O que vocês comem? Todo mundo sabe nadar?
Tchau,
Toby

Resposta de Adam

Olá, Toby,
Obrigado pela sua carta e pelo postal. Não recebemos muitas cartas do Reino Unido ☺

A minha família e eu vamos bem, obrigado por perguntar. Somos missionários batistas em Nauru já faz cinco anos e gostamos de morar na nossa pequena ilha, no meio do nada. Sou casado com a Christie e tenho três filhos: Elijah, de sete anos, Titus, de três, e Gideon, de quinze meses.

Agora, sobre as suas perguntas...

Não, eu nunca dei a volta na ilha inteira a pé. Deveria dar, algum dia, mas ainda não fiz isso. A minha mulher deu a volta de bicicleta algumas vezes em menos de uma hora. A pé, demora cerca de três ou quatro horas; são dezoito quilômetros, que é melhor percorrer de manhãzinha ou no fim da tarde, porque durante o dia faz muito calor.

A roupa tradicional é feita de palma de coqueiro e outras plantas e usada com grinalda de jasmim-manga. Esse traje é reservado para ocasiões especiais. No dia a dia, as pessoas em geral usam roupas comuns.

Tudo o que comemos é importado. A maioria dos nauruanos come arroz pelo menos uma vez por dia. A alimentação local consiste em peixe com coco (atum cru com leite de coco e suco de limão), trinta-réis (andorinha-do-mar pequena que vive em Nauru e come peixinhos com os cardumes de atum... tem gosto de galinha e de peixe ao mesmo tempo. Eu não gosto, mas a maioria dos nauruanos gosta) e peixe.

Existem muitos pescadores em Nauru, inclusive eu e os meus filhos. Veja o Elijah, de sete anos, com uma cavala-da-índia de onze quilos, a maior que ele já pescou; Titus está ao lado dele. A gente vai lá em cima (no meio da ilha) antes de anoitecer, liga um estéreo com chilreios de trinta-réis, e eles aparecem, à noite, e ficam esvoaçando por ali, ouvindo os chilreios, e a gente os pega no ar com uma rede grande presa numa vara. Acho que pegá-los é mais prazeroso que comê-los; acho a mesma coisa em relação aos peixes ☺

Frutas e hortaliças chegam de navio a cada seis semanas e de avião semanalmente. Existem algumas frutas nativas da ilha, como manga (temos uma mangueira enorme no quintal), banana (também temos algumas bananeiras) e fruta-pão (que é quase do tamanho de uma bola de futebol). Às vezes, fritamos fatias de fruta-pão e comemos com peixe... é uma delícia ☺

Nem todo mundo sabe nadar, mas a maioria sabe. Os meninos adoram ir à praia, de tardezinha, e nadar até o sol se pôr. Há pouco tempo, fundaram um clube de surfe, e os garotos estão aprendendo a surfar.

Veja o primeiro agulhão-bandeira do Elijah; pesa 20,5 quilos, e ele demorou meia hora para içá-lo. Comemos uma parte no almoço e o resto depois ☺ Come-se todo peixe que se pesca em Nauru ☺ Você já deve ter percebido que o Elijah está com a camisa da sorte dele nas duas fotos ☺

Bom, espero que você goste da minha carta. Vou lhe mandar uns postais de Nauru; uma pessoa da nossa igreja trabalha no correio ☺

Mais uma vez, obrigado pela sua carta. Sucesso no seu projeto de escrever para o mundo.

Adam, em Nauru

Palau

O nosso contato em Palau foi o ministro da Educação, que gentilmente se dispôs a responder à carta de Toby. O que não sabíamos era que ele a tinha entregado também a professores e escolas de Palau, por isso nos surpreendemos ao receber uma repentina avalanche de cartas de crianças contendo uma porção de desenhos de tubarão, de outras criaturas marinhas e das ilhas. Aprendemos que alii significa "olá" em palauense e, durante um tempo, passamos a nos cumprimentar com um caloroso "alii!" sempre que nos víamos, mesmo quando só entrávamos na sala, depois de ir buscar alguma coisa na cozinha. Provavelmente a nossa pronúncia estava errada...

Carta para Palau, através do Ministério da Educação

Oi, pessoal,
Como vão vocês? É perigoso nadar no mar? Vocês já foram com a escola visitar o santuário dos tubarões? O que vocês fazem na escola?
Tchau,
Toby

Resposta do diretor da Educação de Palau

Alii, Toby:
É um prazer conhecer você. Obrigado por sua carta. Ela chegou em 16 de agosto. Não pude responder logo, porque tinha muito trabalho para fazer. Tenho uma reunião com os diretores de escola de Palau na próxima sexta-feira e vou aproveitar para entregar a eles uma cópia da sua carta e o seu endereço, a fim de que os partilhem com os respectivos alunos. Vamos ver se algum estudante escreve para você.

As escolas levam os alunos para o Rock Islands, um parque de golfinhos, ao Jellyfish Lake,* aos recifes de coral e outros lugares, mas não ao santuário dos tubarões, por razão de segurança. Acho que vão acabar levando-os, com rigorosas medidas de segurança.

Também temos crocodilos de água doce e de água salgada. Os estudantes e outras pessoas vão ver enormes crocodilos de água salgada em cercados, na terra. Se eu conseguir fotografar pelo menos um deles, eu lhe mando a foto por e-mail.

---

* Lago marinho com águas-vivas inofensivas, onde se pode mergulhar e nadar; fica em Rock Islands. (N. T.)

Incluí uma foto de alguns estudantes com o ônibus escolar, novinho em folha. Eles são de Peleliu, uma ilha de Palau famosa por uma batalha entre Estados Unidos e Japão, na Segunda Guerra Mundial.

Cuide-se, Toby, e vou escrever novamente para você.
Cordialmente,
Emery Wenty
Diretor da Educação
Ministério da Educação
República de Palau
P. S. *Alii* quer dizer "olá" em palauense.

Querido Toby Little,
Olá, eu me chamo Dolynn. Amamos você todos nós. Como vai? Sabemos como conhecemos você, porque sabemos que você escreveu uma carta para o nosso professor. O meu professor leu a carta, e por isso você está esperando as nossas cartas. Fique sabendo que nós vamos esperar as suas cartas, porque queremos ser seu amigo [sic]. Amamos você todos nós. Por isso, cuide de você. E cuide da sua casa. Nós amamos você. Só podemos ser seu amigo [sic]. Amamos você todos nós, e cuide bem das cartas, e leia as minhas cartas com atenção, e não jogue ela [sic] fora. É [sic] cartas boas, para você.

Obrigado

Querido Toby Little
Alii! Como vai? Como é a Inglaterra? Eu me chamo O'Mara. Eu tenho oito anos. A minha casa fica na colina. Mas eu fui no lugar do tubarão. O meu pai me levou lá. Você tem pai? Você tem cachorro? Quantos anos você tem, Toby?

O mar não é perigoso. É divertido nadar. Você mora num lugar frio, é por isso que você não pode nadar? Nós moramos num lugar quente.

Deus abençoe você!

Um bom dia para você todo dia.

Papua-Nova Guiné

Nas suas cartas, Toby muitas vezes pergunta sobre outras línguas, e, quando descobrimos que na Papua-Nova Guiné se fala hiri motu, ele quis aprender um pouco. Adoramos as fotos que Juliette nos mandou, porque nos levaram a conversar sobre as diferenças de trajes usados em festas a fantasia, quando a pessoa se veste de princesa ou espião, e de celebrações em que se estuda a história cultural do próprio país.

Carta para Juliette

Oi, Juliette,

Como vai? Como é ser diretora? Como se diz "Meu nome é Toby" em hiri motu? Você mergulha?

Tchau,

Toby

Resposta de Juliette

Querido Toby,

Obrigada por escrever para mim. Acabei de receber a sua carta. Eu a esperei chegar para escrever para você.

Vou indo muito bem na Papua-Nova Guiné.

Estou muito orgulhosa da minha escola, porque temos crianças incríveis e também ótimos professores. Alguns são estrangeiros, porém muitos são nativos. Estou aprendendo muita coisa sobre a Papua-Nova Guiné. Cheguei aqui há pouco mais de um ano, pois trabalhei em muitos países nos últimos 26 anos. Dirigir uma escola como esta é um prazer. Tenho um trabalho incrível e conheço gente muito interessante.

Uma escola internacional sempre é muito especial, pois temos muitas crianças de culturas diferentes e temos muito a aprender com elas, assim como elas conosco. É muito diferente da escola no Reino Unido, mas naturalmente ainda ensinamos as crianças a ler e escrever, como fizeram com você. No entanto, temos celebrações muito diferentes.

"Meu nome é Toby" em hiri motu: *Lau ladagu be Toby.* *Lau* quer dizer "meu", *ladagu* é "nome" e *be* (a vogal é breve) significa "é".

Eu não mergulho, mas adoro nadar embaixo da água com

snorkel, e aqui há muitos lugares maravilhosos. Eu fui para o Tufi Resort.* Procure na internet e veja como é bonito.

Espero que você esteja gostando de escrever para escolas. Acho uma ótima ideia.

Tchau,

Juliette

---

* Conjunto de bangalôs em Tufi, província de Oro, que proporciona atividades como mergulho, canoagem, trilha e pesca. (N. T.)

MISCELÂNEA

Este livro está dividido em continentes, mas algumas cartas não se encaixavam muito bem nesse tipo de categoria, e decidimos reuni-las aqui. Umas são muito especiais, e outras estão entre as favoritas de Toby!

Antártida

Não sabíamos quem iria responder quando deram a Toby um endereço na França e lhe disseram que a carta iria para a Antártida, de modo que essa foi uma aventura especial. E o mais divertido foi que pudemos acompanhar o trajeto dela desde a Tasmânia até o quebra-gelo Astrolabe!

Carta para um desconhecido na Antártida

Oi,
Como vai? Como você se chama? Qual é a sua profissão? Em que lugar da Antártida você está? Você está na [Estação] Dumont d'Urville? Quantas pessoas moram aí? Tem fóssil aí?
Tchau,
Toby

Resposta de Mathilde

Olá, Toby,
Eu me chamo Mathilde. A sua iniciativa de escrever para o Instituto Polar Francês foi brilhante.

Sou cientista, responsável por um LIDAR (Light Detection and Ranging), que é um emissor de laser com um telescópio receptor usado para estudar elementos da estratosfera — aerossóis e ozônio. O meu trabalho faz parte de um programa de "estudo da estratosfera e da destruição da camada de ozônio".

No inverno, nos meses de junho, julho e agosto, rastreei as nuvens polares estratosféricas envolvidas na destruição da camada de ozônio observada em setembro, outubro e novembro, quando o sol reaparece.

Eu moro na Estação Dumont d'Urville. No inverno, éramos 25. Agora, no verão, somos uns cinquenta. Inverno: de março a outubro; verão: de novembro a fevereiro.

Aqui não há fósseis. Mas podemos encontrar no gelo conchas ou algas que estavam no mar antes que ele se transformasse num mar de gelo.

Tudo de bom para você.
Tchau,
Mathilde

Antártida II

*Nem acreditamos quando James entrou em contato, e ainda não conseguimos assimilar essa fantástica gentileza. James trabalha na Estação de Pesquisa do Polo Sul e não mediu esforços para ajudar Toby no seu projeto. Não só mandou uma carta maravilhosa, explicando a pesquisa que fazia e a vida que levava no Polo Sul, como ainda tirou fotos da carta chegando e de si mesmo, com ela na mão. Depois, como Toby logo completaria seis anos, James pintou uma faixa enorme, com a frase "*FELIZ ANIVERSÁRIO, TOBY*", fez toda a equipe segurá-la nos dois Polos Sul [o geográfico e o geomagnético] e nos mandou as fotos. E incluiu a faixa na carta. Acho que nunca vamos conseguir superar esse presente de aniversário!*

Carta para James

Querido James,
Como vai? Por que precisamos saber das minúsculas partículas do espaço? Você já viu a aurora austral? Existe criança no Polo Sul? O que você faz para se divertir? Você brinca na neve? Onde arruma comida? Já viu algum pinguim? Existe algum paleontólogo trabalhando no Polo Sul?
Tchau,
Toby

Resposta de James

Querido Toby,
Estou empolgado com a sua curiosidade sobre o mundo e as pessoas que o habitam! Imagino que você tem aprendido muito sobre o mundo. Precisamos muito saber das minúsculas partículas, assim como você quer saber do mundo. Os cientistas querem entender o Universo e como ele foi feito. Os neutrinos que estudamos podem conter informação sobre a maneira como foram feitos. Vamos aprender mais sobre o Universo observando o céu e vendo minúsculas partículas em vez de luz.
Eu fico no Polo Sul durante o verão, quando há 24 horas de sol por dia. Não vi a aurora austral, mas em alguns lugares do Ártico, no norte, vi a aurora boreal. É linda!
Não existem crianças no Polo Sul. O Polo Sul pode ser perigoso para elas. Havia crianças em outras partes da Antártida. Uma delas até nasceu na Antártida. Aqui, moram apenas cientistas e operadores da estação. Pouca gente passa aqui o escuro inverno. Ninguém pode entrar ou sair durante o frio e escuro inverno.

Você perguntou o que eu faço para me divertir. Sim, às vezes, nós brincamos na neve. Às vezes o pessoal faz esculturas com blocos de neve. A maior parte do tempo ficamos dentro do prédio. Temos uma academia de ginástica e um salão, onde podemos jogar bilhar ou ver um filme. Não temos TV aqui. Alguns andam de esqui. No ano passado, joguei golfe lá fora. Ainda bem que eles tinham uma bola cor de laranja.

Quase toda a nossa comida chega nos mesmos aviões que eu tomo para vir para cá. A maior parte é congelada, e só descongelamos o que vamos comer em seguida. No verão, os aviões nos trazem frutas e hortaliças frescas. Nós as chamamos de "fresquinhas". Também temos uma pequena estufa, onde cultivamos hortaliças para o pessoal que fica aqui no inverno.

Eu já vi os pinguins! São muito legais! Este ano vi dois pinguins-imperadores.

Não sei da presença de paleontólogos no Polo Sul. Eles estudam a vida pré-histórica. Ninguém vive no Polo Sul, a não ser nós, o pessoal da ciência. Aqui é frio demais, seco demais para permitir qualquer tipo de vida, de modo que não há nenhum alimento para animais. O gelo tem três quilômetros de profundidade. Mas, antigamente, a Antártida era quente. Se existia vida, os vestígios devem estar lá no fundo, debaixo do gelo. Tenho certeza de que há paleontólogos em outros lugares da Antártida, onde não há tanto gelo. Eles devem querer saber da vida antiga na Antártida.

Espero que você continue interessado em ciência! Pode ser que um dia você venha para a Antártida! Continue sendo curioso! Você está fazendo uma coisa maravilhosa! Espero que você tenha inspirado outras crianças a criar projetos incríveis e olhar para o mundo que as rodeia.

Boa sorte no seu futuro!
James
Estação Polo Sul
Verão 2013-4

Connecticut, Estados Unidos

Como muitas crianças, Toby vive mudando de opinião sobre o que pretende ser quando crescer, mas "arqueólogo marinho" reúne seu amor pela história e pelo mar. Ele leu muitos livros sobre o Titanic e quase morreu de felicidade quando o dr. Ballard se dispôs a receber uma carta dele.

Carta para o dr. Ballard

Querido dr. Ballard,

Como vai? Quantos anos o senhor tinha quando pensou pela primeira vez em encontrar o *Titanic*? Como o senhor sabia o que tinha de estudar para conseguir um emprego que lhe permitisse encontrar o *Titanic*? Onde é que o *Argus* está agora? Ainda é usado? Dá medo viajar no *Alvin*? Quem deu nome para todos os pequenos submarinos e robôs? Que trabalho o senhor está fazendo agora? O senhor conheceu Ruth Becker?

Tchau,
Toby

Resposta do dr. Ballard

Olá, Toby,

Eu gosto de receber cartas de crianças tão interessadas no *Titanic*. Eu sempre quis encontrar o *Titanic*, mas quase não consegui. Quando estávamos procurando o *Titanic*, outras pessoas também estavam; o que aconteceu foi que tivemos a sorte de a Marinha nos encarregar de uma missão secreta, depois da qual estaríamos liberados para procurar o *Titanic*, e somos muito gratos por ter participado dessa descoberta.

Quando eu era menino, em San Diego, os meus pais me deixavam explorar as praias durante horas. Muitas vezes eu olhava para o horizonte e ficava curioso para saber o que havia lá e o que havia no fundo do mar. Depois de ler *Vinte mil léguas submarinas*, de Jules Verne, não tive dúvida do que queria fazer quando crescesse. Estudei matemática e ciência e continuei concentrado no meu objetivo. Aos dezessete anos participei, pela primeira vez, de uma expedição, com a Scripps Institution, da Califórnia, e mesmo tendo navegado por mais de cinquenta anos ainda acho empolgante explorar o mar.

Os nomes dos ROV* saíram da mitologia grega. ARGO construiu o navio do mesmo nome. JASÃO foi um herói da mitologia grega e o comandante do navio *Argo*. Foi por aí que chegamos aos nomes. Isso também lhe ensina um pouco sobre a mitologia grega, que com certeza um dia você vai estudar na escola. O meu navio, o *Nautilus*, tem o mesmo nome do submarino do livro de Jules Verne que mencionei acima.

Sempre dá um pouco de medo viajar em submersíveis pequenos; sempre há algo de perigoso; por isso preferimos deixar a exploração para o *Hercules* e o *Argus*, que estão no *Nautilus*, o meu navio de exploração. A submersão e o retorno à superfície também demoram menos sem a presença de uma pessoa a bordo. Há quem ainda prefira os pequenos submersíveis, mas eu não vou repetir a experiência.

Você me perguntou que trabalho estou fazendo — eu vivo viajando e ainda navego. Dou palestras em escolas e organizações. Adoro ver crianças interessadas em ciências, matemática e tecnologia.

O *Nautilus* agora está no mar. Quem sabe o que vamos descobrir nos próximos meses!

Espero ter respondido a muitas das suas perguntas; portanto, estude bastante na escola e talvez um dia você também descubra algo especial.

Cordialmente,

Dr. Robert D. Ballard

---

* Sigla de *remotely operated unverwater vehicle* [veículo subaquático operado remotamente]: veículo submersível criado em 1950 que, equipado com câmeras de vídeo e sensores, operado por controle remoto e ligado à superfície por um cabo que lhe fornece energia e permite a comunicação, observa o fundo do mar e realiza e supervisiona a montagem de equipamentos de pesquisa. (N. T.)

Equador

Faz muito tempo que as Ilhas Galápagos são o lugar favorito de Toby, e o grande sonho dele é visitá-las um dia; ele já está planejando estudar espanhol para poder falar com os habitantes locais. Quando a escola organizou uma festa a fantasia, Toby se vestiu de Charles Darwin. Fomos ao Museu de História Natural, em Londres, e ele fez questão de ver as anotações e objetos de Charles Darwin e fotografar a estátua do naturalista. Swen Lorenz, da Charles Darwin Foundation, gentilmente se dispôs a ser o contato de Toby.

Carta para Swen

Querido Swen,

Como vai? Qual é sua criatura favorita? Você viu o Lonesome George [tartaruga-gigante macho]? Você acha que ainda existe alguma tartaruga-gigante da Ilha Pinta? De onde são seus pesquisadores? O que tenho de fazer para ser pesquisador da CDF? Criança pode pesquisar em Galápagos? Existe alguma coisa de Charles Darwin na fundação? Qual foi a última coisa que você aprendeu sobre evolução? Por que Galápagos está em perigo?

Tchau,
Toby

Resposta de Swen

Querido Toby,

Foi um prazer receber a sua carta, e aqui vão, em anexo, as respostas a todas as suas perguntas.

Parece que você se interessa muito por ciência e pelo nosso planeta, e estou lhe mandando os meus melhores votos de felicidade pelo seu aniversário e de sucesso na sua futura carreira.

Tudo de bom,
Swen Lorenz
Diretor executivo, Charles Darwin Foundation

1) Qual é sua criatura favorita?

As iguanas-marinhas, sem dúvida! Esse réptil é um exemplo típico da evolução em ação. Os grandes ancestrais delas chegaram aqui, não encontraram nenhuma fonte de alimento e tiveram de se adaptar para sobreviver. Elas vão para o mar em busca de algas, porque não têm outra opção. Ou se adaptam, ou morrem. Eu as vejo todos os dias aqui, na estação de pesquisa, e elas me fazem sorrir, mesmo quando estou num mau momento.

2) Você viu o Lonesome George?
Sim, muitas vezes, já que ele ficava num cercado perto do escritório da CDF. Infelizmente George não está mais entre nós, mas pensamos muito nele, e a extinção da espécie da Pinta é um lembrete do quanto o nosso trabalho é necessário.

3) Você acha que ainda existe alguma tartaruga-gigante da Ilha Pinta?
Esperamos que sim! Provavelmente, não na Ilha Pinta, mas esperamos que o DNA da Pinta esteja presente em outras tartarugas-gigantes de outras ilhas. No momento, estão em curso vários estudos muito interessantes sobre a genética da tartaruga nas ilhas, e estamos torcendo para encontrar logo um parente de George.

4) De onde são seus pesquisadores?
Uma das melhores coisas do trabalho na CDF é a mistura de nacionalidades. A maioria dos nossos cientistas é equatoriana, e os outros são da Alemanha, da Espanha, da Grã-Bretanha, dos Estados Unidos, do Chile e da Nova Zelândia.

5) O que tenho de fazer para ser pesquisador da CDF?
Concluir seus estudos, conseguir as melhores notas possíveis, cursar a universidade e procurar trabalho como voluntário em preservação para ganhar experiência em trabalho de campo com pessoas de muitos lugares diferentes. Nem sempre é fácil começar uma carreira de preservacio-

nista, porém, quando se tem paixão pelo que faz — isso é o mais importante —, dá tudo certo.

6) Criança pode pesquisar nas Galápagos?
Claro! As crianças podem se tornar cientistas e preservacionistas fantásticos. Semanas atrás, a equipe externa da CDF foi às montanhas da Ilha Santa Cruz para pesquisar a tartaruga-gigante com crianças de várias nacionalidades. Elas acompanharam as tartarugas pelo GPS e examinaram excrementos de tartaruga (não se preocupe, não cheiram muito mal!).

7) Existe alguma coisa de Charles Darwin na fundação?
Não temos itens da viagem de Darwin — para vê-los você precisa ir ao Museu de História Natural de Nova York ou de Londres. Temos uma coisa melhor — família. Randal Keynes, trineto de Darwin, é membro do conselho da CDF e amigo da nossa organização. Charles Darwin era fascinado por ancestralidade e ficaria encantado em saber que Mr. Keynes tem voz ativa no trabalho que fazemos.

8) Qual foi a última coisa que você aprendeu sobre evolução?
Pouco tempo atrás, aqui em Galápagos, tínhamos um bom exemplo e fotos para demonstrar! Na Ilha Fernandina, um cientista britânico encontrou evidências de que serpentes terrestres entravam no mar para pegar peixes. Mais uma vez, esse é um exemplo de adaptação para sobrevivência. Quando eu soube disso, mal pude acreditar — uma serpente terrestre pescando o que comer!

9) Por que Galápagos está em perigo?
As Ilhas Galápagos são um ecossistema frágil. Desde que os homens as colonizaram, introduziram espécies prejudi-

ciais a essa maravilhosa biodiversidade. Outras ameaças, como a mudança climática, significam que mínimas diferenças de temperatura podem facilmente afetar populações animais de Galápagos. Temos de ficar atentos a esses problemas e continuar com o nosso trabalho de proteger e preservar o arquipélago para o bem de todos.

Groenlândia

Toby estava louco para escrever para a Groenlândia, e, depois de várias tentativas para encontrar um contato, a simpática Paarnaq respondeu. Fizemos o kalaallit kaagiat *conforme a receita que ela nos mandou e achamos uma delícia!*

Carta para Paarnaq

Querida Paarnaq,
Como vai? Qual é o prédio que está na bandeira de Nuuk? Como se diz "Meu nome é Toby" em kalaalisat? Você poderia nos mandar uma receita da Groenlândia, por favor? Você gosta quando tem luz à noite? Você vê a aurora boreal? Você queria que tivesse árvores na Groenlândia?
Tchau,
Toby

Resposta de Paarnaq

Querido Toby,
Eu vou bem. Agora o inverno finalmente acabou, e está muito gostoso, apesar de que ainda há um pouco de neve nas montanhas.
Na verdade, não é a bandeira de Nuuk, mas o brasão da cidade: o prédio é a Ilinniarfissuaq, a universidade mais antiga da Groenlândia, que foi construída em 1897. É lá que se formam os professores.
Na verdade, pronunciamos "Toby" exatamente como você. ☺
Estou lhe mandando uma receita de *kalaallit kaagiat*. Significa "bolo groenlandês". É um pão/ bolo. Nós cortamos em fatias e comemos com manteiga, principalmente nas reuniões com parentes e amigos. Espero que você goste.
No verão, temos sol dia e noite. Gostamos muito disso e, às vezes, nos esquecemos da hora. No verão, muita gente sai para caçar, pescar ou passar um tempo nas cabanas, em meio à natureza. Em agosto e setembro, colhemos frutinhas silvestres. Nós as chamamos de *paarnat*, o que é parecido com o meu nome, Paarnaq.

No inverno faz muito frio e fica muito escuro lá fora. E onde eu moro, em Nuuk, anoitece por volta das três, quatro horas da tarde. Portanto, podemos ver a aurora boreal quase todo dia. E, quando assobiamos, ela se mexe. Diz a lenda que, se você assobia para a aurora boreal, ela corta a sua cabeça e a usa como bola de futebol. Quando éramos crianças, tínhamos muito medo de assobiar para ela. Engraçado ☺

Eu nasci numa cidadezinha chamada Narsaq, no sul da Groenlândia, onde existem árvores. Na verdade, para ser exata, existem árvores em Narsarsuaq,* assim como arbustos, sendo alguns muito altos, quase como se fossem árvores menores.

No sul da Groenlândia há muitos fazendeiros que criam ovelhas e vivem dos seus rebanhos e das suas plantações de batata, alface, beterraba, flores. No norte da Groenlândia há muitos caçadores que vivem das suas presas: foca, baleia, rena, boi-almiscarado e peixe.

E na região central da Groenlândia fica o ponto principal, Nuuk, onde eu moro. É uma cidade como qualquer outra. Temos cinema, piscina, shopping center e por aí vai. Levamos uma vida moderna, apesar de que a população de Nuuk é de uns 16500 habitantes, mais ou menos.

Espero ter lhe dado informações suficientes e desejo-lhe boa sorte no seu projeto.

Felicidades,

Paarnaq, 22 anos

---

* Povoado em que se encontra o único aeroporto internacional do sul da Groenlândia; em 2010, tinha 158 habitantes. (N. T.)

Receita de kalaallit kaagiat

500 ml de água
25 g de fermento
500 g de farinha de trigo
100 g de açúcar
100 g de uvas-passas
100 g de manteiga
½ colher de chá de sal

Dissolva o fermento em água morna e misture os outros ingredientes.

Deixe descansar por trinta minutos.

Aqueça o forno a 200°C. Molde a massa em forma de pão, regue-a com leite ou cubra-a com ovos e ponha-a para assar por trinta a 45 minutos.

Deixe esfriar e saboreie com manteiga.

Ontário, Canadá

Chris Hadfield acabara de voltar da sua missão na Estação Espacial Internacional quando o projeto de Toby começou, e, depois que Chris publicou o seu livro, comprei para mim a versão para adultos e dei para Toby a versão infantil. Quando Toby disse que queria escrever para ele, não tínhamos muita esperança, mas lhe mandamos um e-mail. Recebemos uma resposta muito amistosa e um convite para Toby lhe enviar uma carta. Toby ficou encantado ao receber uma carta de alguém que tinha estado na Estação Especial Internacional e desde então está procurando um meio de conseguir que ele lhe escreva do espaço!

Carta para Chris

Querido Chris,
Como vai? Das fotos que você tirou, qual é a sua favorita? Qual era a canção que você mais gostava de tocar na guitarra quando estava no espaço? As dezesseis vezes que o sol nasce e as dezesseis vezes que o sol se põe no mesmo dia são todas iguais? Como é comandar uma estação espacial? Você já teve medo no espaço? O que aconteceria se você errasse nos experimentos científicos? O que você come no espaço?
Tchau,
Toby

Resposta de Chris

Querido Toby,
Espero que você esteja bem quando receber esta carta. Desculpe a longa demora em responder; eu soube que, nesse meio-tempo, você completou sete anos, e quero lhe desejar, com atraso, um feliz aniversário!
Quando eu estava na EEI, tive a sorte de tirar tantas fotos que seria muito difícil escolher só uma favorita. O que posso dizer é que as fotos que tirei de áreas imensas da Terra, onde você pode ver países inteiros, o horizonte e, além dele, a plenitude do Universo, são o meu tipo favorito de foto. É uma vista realmente deslumbrante! Quanto à canção que eu mais gostava de tocar, acho que é uma versão de "Space Oddity", por causa do tremendo impacto que teve na renovação do interesse pelo espaço e pela exploração espacial no mundo todo. A minha esperança é que motive os jovens a se dedicar mais às ciências, mostrando a eles que

isso não significa sacrificar o divertimento ou a criatividade no local de trabalho — seja onde for esse lugar!

As dezesseis vezes que o sol nasce no mesmo dia são ligeiramente diferentes para quem está numa estação, porque a perspectiva da gente muda de acordo com o trajeto orbital da EEI; uma das melhores coisas é ver o sol nascer dezesseis vezes, todos os dias!

Comandar a EEI é como ser pai. Exige MUITO trabalho e muita responsabilidade, mas também é muito gratificante. O comandante é responsável apenas pela segurança da tripulação e da estação, o que pode ser muito, mas as várias agências espaciais ao redor do mundo dedicam um tempo enorme e um tremendo esforço para o treinamento de cada tripulante, de modo que, seja um comandante, seja um tripulante, todo o pessoal está preparado para resolver qualquer problema que surgir; portanto, não há por que ter medo. Mesmo quando ocorreu o vazamento de amoníaco, no final da Expedição 35, ninguém se apavorou. Todos nós sabíamos que tínhamos coisas importantes para fazer; e estamos tão concentrados nas nossas tarefas, passamos por tantos anos de treinamento e preparação que, na nossa cabeça, não sobra lugar para o medo.

Muitos dos alimentos que comemos na estação são os mesmos que você come na Terra, com a diferença de que são desidratados, e temos de reidratá-los (devolver-lhes água). Na estação, um dos meus petiscos prediletos era um *burrito* com mel e manteiga de amendoim; não parece grande coisa, mas, para quem está longe de tudo o que gosta, pode ser um manjar!

Espero ter respondido a todas as suas perguntas, Toby, e principalmente torço para que o seu projeto vá de vento em popa!

Cordialmente,

Cel. Chris Hadfield, astronauta aposentado

Vaticano

Essa foi uma das poucas cartas não solicitadas que Toby enviou, depois que passamos um tempão tentando encontrar um contato no Vaticano. Toby tinha umas perguntas delicadas para fazer ao papa Francisco e, embora elas não tenham sido respondidas de verdade, ficou surpreso por receber pelo menos um retorno!

Carta para o Papa

Sua Santidade,
Como vai? Eu me chamo Toby e tenho cinco anos. Estou escrevendo para uma pessoa em cada país do mundo para aprender coisas sobre o mundo, ajudar as pessoas a se entenderem e fazer do mundo um lugar melhor. Como é ser papa? Como o senhor sabe que Deus existe? Tudo bem se a gente não acredita em Deus, mas é uma boa pessoa? O senhor sente saudade da Argentina?
Tchau,
Toby

Resposta do Vaticano

Sua Santidade, o papa Francisco, ficou contente de receber sua amável carta e me pediu para lhe agradecer.
O Santo Padre rezará por você e sua família. Ele roga a Deus que o cubra de abundantes bênçãos.
Monsenhor Peter B. Wells
Assessor

África do Sul

De todas as cartas do livro, essa é a única que ficou sem resposta. Também é excepcional, já que Toby não pergunta nada. No outono de 2013, pouco antes de completar seis anos, ele se interessou pela vida de Rosa Parks, Martin Luther King Jr. e Nelson Mandela. Juntos, lemos livros para crianças sobre a história dessas personalidades, inclusive a versão infantil de Um longo caminho para a liberdade, *autobiografia de Nelson Mandela. Depois dessa leitura, Toby disse que queria escrever para Nelson Mandela e lhe agradecer por tudo o que ele havia feito pelo mundo. Expliquei que Nelson Mandela estava muito doente e provavelmente não responderia, mas Toby falou que isso não tinha importância. Dessa vez, ele não tinha nada para perguntar — só queria dizer "obrigado".*

Carta para Nelson Mandela

Querido Sr. Mandela,

Como vai? Eu me chamo Toby e tenho cinco anos. Gosto do livro que o senhor escreveu sobre a sua vida. Obrigado por fazer do mundo um lugar melhor. Estou escrevendo para todos os países do mundo para que as pessoas se entendam melhor. Estou aprendendo muita coisa sobre o mundo e pode ser que um dia eu consiga fazer do mundo um lugar ainda melhor. Sinto muito que o senhor não esteja bem. Espero que melhore logo.

Tchau,
Toby

Agradecimentos

Eu agradeço à minha mãe, que é a melhor mãe do mundo.
Toby

Literalmente, milhares de pessoas ajudaram a concretizar o projeto de Toby. Em vez de agradecer a cada pessoa, o que seria muito difícil, além de termos medo de esquecer alguém, gostaríamos de agradecer a todos vocês. Se você informou seu endereço de forma espontânea, ajudou Toby a encontrar um contato, falou da sua vida através do Facebook ou mandou uma mensagem dizendo que o projeto do meu filho tocou seu coração e fez você feliz — obrigada! Uma pessoa a quem temos de agradecer é Alison Hawes — se ela não tivesse escrito *A Letter to New Zealand*, talvez Toby nunca tivesse pensado em escrever para o mundo. Também somos muitíssimos gratos à ShelterBox pelo trabalho que realiza e por permitir que meu filho a "adotasse" como sua instituição de caridade, e a todos que acreditaram em Toby, quando ele tinha cinco anos e insistia em querer "fazer do mundo um lugar melhor".

Apêndice

1. Palácio de Buckingham

Palácio de Kensington
De: Miss Claudia Spens M. V. O. [Membro da Royal Victorian Order]
Gabinete de Suas Altezas Reais, o duque e a duquesa de Cambridge, e de Sua Alteza Real, o príncipe Henry de Gales
Privado e Confidencial
9 de outubro de 2015

2. Finlândia

Querido Toby,
Eu vou bem, e você? Eu não gosto da música de Sibelius. Nós não temos um dia de música finlandesa na escola. Sim, eu gosto da escola na Finlândia porque na sexta-feira eu vou para casa ao meio-dia. A minha matéria favorita é leitura. O meu livro favorito é "minha irmãzinha sapeca" e "o índio no armário".
Da,
Grace

3. Líbano

Querido Toby, uma longa carta do Líbano
Por Olivia Alabaster e Nadia Massih
The Daily Star

BEIRUTE: A maneira de fazer jornal hoje em dia é provavelmente menos empolgante que no passado, quando os jornalistas usavam máquina de escrever, as notícias circulavam pelo mundo em telegramas e as páginas eram compostas, letra por letra, no prelo.

Hoje, usamos a internet e o computador para fazer quase tudo que sai no jornal.

Usamos a internet para pesquisar as matérias e estabelecer contatos que possam fornecer informação e citações para cada artigo: mais ou menos como você e a sua mãe usaram a internet para localizar pessoas com quem você pudesse se corresponder em cada país do mundo — o que, tenho certeza, muitos jornalistas não conseguiriam fazer!

Uma vez reunida toda a informação necessária, escrevemos o texto, que começa com uma "assinatura", o nome do autor. O seu seria "Toby Little". Depois, vem a "linha da datação", com o nome da cidade onde a matéria é escrita. A sua seria "Sheffield".

Com isso, o leitor fica sabendo de onde vem a notícia e quem a redigiu. Se tiver dúvida ou algum problema em relação ao texto, ele pode escrever para o jornal e pedir para entrar em contato com o jornalista em questão.

Então, tentamos trabalhar com os elementos essenciais da notícia — o que aconteceu, quem está envolvido, quando e onde aconteceu e por que aconteceu —, se soubermos. As matérias especiais geralmente são mais longas que um artigo típico e se aprofundam mais nas questões envolvidas: mais ou menos como uma história de não ficção.

Como tem sede no Líbano, o nosso jornal, *The Daily Star*, se concentra em notícias locais, de modo que temos repórteres no país inteiro para nos mandar matérias e também aqui, em Beirute.

Alguns artigos que publicamos recentemente focalizavam incêndios florestais, pessoas que mantinham leões no terraço do apartamento como se eles fossem bichinhos de estimação e crianças sírias refugiadas no Líbano.

Para o noticiário internacional e o de outros países do Oriente Médio, usamos as agências de notícias, já que não temos repórteres em todos os países. Cada agência de notícias tem uma equipe própria em cada lugar do mundo. Nós pagamos para elas, e elas nos mandam textos dos seus repórteres para usarmos no nosso jornal.

Enquanto os redatores escrevem, os diagramadores diagramam cada página. Eles criam espaço para cada matéria e também para as fotos, os títulos e os anúncios.

Ao mesmo tempo, os nossos fotógrafos estão na rua, tirando fotos, e o editor de fotografia está escolhendo a mais adequada para cada artigo.

Depois que terminam de escrever, os redatores mandam o texto para os subeditores.

Os subeditores leem tudo para ver se faz sentido e se a ortografia está correta.

Eles leem a matéria como vai aparecer na página, fazendo-a caber direitinho no espaço que os diagramadores destinaram para ela. E escrevem os títulos e as legendas das fotos para caber nos espaços reservados.

Também há editores de seção trabalhando em cada página, para se certificar de que todas as notícias serão publicadas e os jornalistas estão cumprindo o prazo.

Cada página terminada (o nosso jornal tem dezesseis páginas) vai para as mãos do editor-chefe, que é o encarregado de todo o processo. Ele a lê para verificar se está tudo certo e se faz sentido.

Depois, cada página é mandada para os impressores. O nosso prazo final é meia-noite. Os impressores trabalham a noite inteira para produzir o jornal, que, de manhã cedo, é distribuído em todo o país, para que as pessoas possam ler as notícias ao tomar o café da manhã.

5. Omã

Sultanato de Omã
Tartaruga-Verde

Olá, Toby! Obrigada pela linda carta e pelo postal. Você deve estar com os dedos cansados de tanto escrever! Respondendo às suas perguntas: eu não estive no forte Jalali porque está fechado para o público, mas visitei muitos outros fortes incríveis por aqui. Acho que o forte Nakhal é o meu favorito até agora.

Ainda não conheci o sultão, mas, quem sabe, vou conhecê-lo um dia! Quanto às *sultanas* [uvas-passas], o nome deriva da uva usada para fazer essas passas. A uva vem da Turquia, e recebeu esse nome por causa da mulher do sultão da Turquia, que era chamada de sultana. Eles usam muita uva-passa por aqui, é deliciosa! Omã também tem muitas tartarugas, por isso estou lhe mandando uma foto de uma tartaruga fazendo ninho. Cuide-se e boa sorte! Jeanne

6. Irã

(acima)
Writing to the World
Querido Kareh, como vai? Como se escreve Toby em persa? Vocês têm prova de ortografia na escola? Você já esteve na torre de Teerã? Qual é a sua criatura mítica favorita?

A minha é o pássaro-trovão, ou o Pégaso, sei lá, mas eu não conheço muitas criaturas míticas.

Como é a sua escola?
Você estuda inglês?
Tchau Toby
Desenhei um yeti para você

(abaixo)
A minha criatura mítica favorita é
Simorgh
Estou estudando inglês
1* Toby, você gostaria de vir para Teerã algum dia? Por favor, venha me visitar. Eu estou estudando inglês. Então, espero que a gente consiga conversar.

7. Canadá

Writing to the World

Querido Justin, como vai? Como é a escola no Canadá? Você acredita no monstro Ogopogo? Você já viu um guaxinim selvagem? Eu nunca vi um domesticado. Eu vi uma linda corujinha. Hu Hu-hu-hu
Tchau
Toby

9. Índia

Atualmente, cerca de 780 línguas são faladas na Índia e 86 alfabetos são utilizados. Em Delhi, híndi é a mais falada.
Veja o seu nome em híndi:
Veja mais algumas palavras e frases em híndi:
- Namaste (Olá)
- Dhanyavaad (Obrigado)
- Aap kaise hain? (Como vai?)
- Main theek hoon. (Eu vou bem.)

Querido Toby,
Espero que esta carta o encontre com saúde. Sinceramente, admiro o seu projeto "Writing to the World". Você tem feito um trabalho maravilhoso!

Eu moro em Nova Delhi, mas infelizmente fui ao Templo de Lótus só uma vez e há muito tempo! O Taj Mahal fica em Agra, a três horas de distância de Delhi, e estive lá também só uma vez. É muito, muito lindo. Quem sabe um dia você venha para a Índia e o veja com os seus próprios olhos!

Como estou na faculdade, passo a maior parte do dia correndo; para assistir às aulas ou para pegar o metrô e voltar para casa. Por isso, geralmente uso jeans ou um traje indiano chamado *salwar kameez*.* Mas usei um sári no casamento da minha prima!

Tudo de bom no restante do seu projeto e cuide-se!
Tchau! — Tanya.

---

* Traje de duas peças: o salwar, que é uma calça larga nas pernas e justa no tornozelo; e o kameez, que é uma túnica. (N. T.)

10. *Hong Kong*

Oi, Toby,
Em Hong Kong, a maioria das pessoas mora em prédios, como os que aparecem no postal. Espero que você goste deste postal de Hong Kong.
Até a próxima,
Tchau por enquanto!
Tiwei
10 de julho de 2013
(O mesmo texto em chinês)

11. *Cingapura*

Caríssimo Toby,
Obrigado pela sua carta. Como vai? Eu vou bem.
O Jardim Botânico é lindo. Neste ano eu comemorei o meu aniversário com um piquenique no Jardim.
Gosto de assistir a concertos e peças na Esplanada.
Todo sábado de manhã vou correr na praia com a minha irmã.
A escola era divertida, e sinto muita saudade da minha época de estudante. A lua crescente na nossa bandeira representa uma jovem nação ascendente — temos muito orgulho de completar cinquenta anos neste ano!
Com carinho
Bing

12. *Austrália*

(acima, à esq.)
Querido Toby
ponte harbour

(abaixo, à esq.)
Querido Toby
O Teatro
Tody
Com carinho

Elodie
~~Com carinho Joy~~

(acima, à dir.)
Querido Toby
Um canguru
Com carinho
George

(abaixo, à dir.)
Querido Toby,
Eu tenho cinco anos
Lóris-arco-íris [papagaio australiano]
Eu moro em [?]
Com carinho
Saskia

14. *Quênia*

Oi, Toby,
Nós moramos no pé do monte Quênia. Ele é o segundo mais alto da África. Nós já vimos uma porção de zebras. Outro dia minha mãe até viu algumas quando estava correndo. Nós também vimos leão, leopardo, guepardo, elefante e rinoceronte. E um monte de antílopes diferentes. O Quênia é legal e cheio de sol.
    Tchau,
    Harrison

15. *Suriname*

De: Lucy
Para Toby
    Estamos aprendendo bichos. Eu vou contar para você que bicho nós estamos aprendendo panda.
    Todo bicho tem ciclos de vida nós aprendemos que bicho com pelo é é mamífero. País do mundo e esperamos resposta de volta.
    Boa sorte,
    Lucy

16. Gâmbia

(acima)
O Gâmbia é cercado por um país chamado Senegal e divide em dois pelo
rio Gâmbia.
Nós gostamos de brincar
Bandeira do Gâmbia
Jogo
Sunnse é uma escola grande de manhã a gente come sardnha ou feijão.
O sol aparece no Gâmbia num lugar chamado Bakoteh.
O Gâmbia na África oeste
O rio Gâmbia

(abaixo)
Como Jogar o Jogo da Bandeira
Materiais: folha de papel, desenho de quadrado, 6 botões, lápis de cor e régua

Como jogar: O jogo é jogado por duas pessoas. Cada pessoa tem de ter 3 botões cada. A primeira pessoa põe o botão no meio da bandeira. Cada uma de cada vez põe o
botão no ponto preto da bandeira. O primeiro jogador que põe todos os botões numa linha reta da bandeira é o vencedor.

17. Antártica

Polo Sul Geográfico
FELIZ ANIVERSÁRIO TOBY!

18. Filipinas
(abaixo, à esq.)
BICOL UNIVERSITY
LIDERANÇA
ESTUDO
CARÁTER
SERVIÇO

BEM-VINDO À BICOL UNIVERSITY, TOBY! A SUA VIAGEM PELA NOSSA ESCOLA COMEÇA AQUI, NA PORTA PRINCIPAL, QUE É CHAMADA DE TOCHA DA SABEDORIA. ATRÁS DELA ESTÃO OS QUATRO PILARES, REPRESENTANDO Liderança, Estudo, Caráter E Serviço, QUE É O QUE VOCÊ VAI ENCONTRAR EM TODO ALUNO DAQUI. ESPERAMOS QUE VOCÊ GOSTE DA SUA VIAGEM E DA SUA AVENTURA POR AQUI, TOBY! DIVIRTA-SE!

(acima, à dir.)
Os alunos daqui nunca se cansam de SORRIR. ☺ Mesmo quando estamos ocupados com uma porção de lições de casa e atividades, nunca perdemos a ocasião de rir e sorrir com os amigos. Esperamos [que você também sorria], Toby!

(abaixo, à dir.)
Então, este é o fim da sua viagem por ora, Toby! Esperamos que você tenha se divertido muito! Se quiser saber mais alguma coisa sobre a nossa escola, não hesite em perguntar, por favor. Esperamos que você nunca se esqueça de nós. Nós sabemos que você vai sempre ter uma família em nós. Obrigado, e a gente se vê algum dia! ☺
Alunos da [Haiyan]

19. *Equador*

Writing to the World
Querido Jalissa, Como estas [sic]?
Existe muito trem no Equador? Você já esteve nas Galápagos [sic]?
Qual é a sua profissão?
Por favor, você pode mandar uma receita? O que vocês comem no Equador?
Vocês têm trem a vapor no Equador? Qual é o seu lugar favorito em Durán?
Adiós, Toby

20. Maláui

Writing to the World
Oi, Shelley,
Como vai?
Como você conseguiu esse trabalho? Como é a malária? O que você faz para proteger os animais?
Tchau, Toby

21. Benin

A casa de um amigo nunca é distante.

TIPOGRAFIA Adriane por Marconi Lima
DIAGRAMAÇÃO Osmane Garcia Filho
PAPEL Pólen, Suzano S.A.
IMPRESSÃO Gráfica Bartira, março de 2025

A marca FSC® é a garantia de que a madeira utilizada na fabricação do papel deste livro provém de florestas que foram gerenciadas de maneira ambientalmente correta, socialmente justa e economicamente viável, além de outras fontes de origem controlada.